Über dieses Buch

Dieser Band vereinigt zwei der größten Bühnenerfolge des bekannten französischen Dramatikers. Das 1935 erschienene Schauspiel ›Kein Krieg in Troya‹ lag 1936 erstmals in der kongenialen Übersetzung von Annette Kolb vor. Das Stück ist eine ebenso geistreiche wie amüsante Persiflage des Krieges. Giraudoux bedient sich dazu der Sage vom trojanischen Krieg und verkehrt die überlieferten Tatbestände in paradoxe Pointen mit tieferer Bedeutung. Er entmythologisiert den antiken Stoff, ohne ihm seinen poetischen Gehalt zu entreißen.
Aus der späten Schaffensperiode des Dichters stammt das aus dem Nachlaß herausgegebene Schauspiel ›Die Irre von Chaillot‹ (1945), das angesichts einer makabren Menschheitsentwicklung, die sich angeblich im Zeichen der Vernunft vollzieht, für die Welt der »Verrückten« optiert. Die Heldin des Stücks ist eine Gräfin, die – leicht geistesgestört – inmitten von Lumpensammlern, Gauklern, Ganoven und kleinen Leuten ein Reich der Phantasie errichtet, in dem sie königlich residiert. Sie verteidigt das Reservat menschlicher Freiheit, indem sie die Forderung auf menschliches Glück erhebt.

Der Autor

Jean Giraudoux wurde 1882 in Bellac (Limousin) geboren. Besuch des Gymnasiums in Châteauroux, Studium der Germanistik in Paris, Bonn und München; Erzieher des Herzogs von Sachsen-Meiningen; von 1905 bis 1910 ausgedehnte Reisen in Europa und Nord- und Mittelamerika; Eintritt in den diplomatischen Dienst und Teilnahme an Missionen nach Rußland und in den Orient; nach dem Ersten Weltkrieg zeitweise an der französischen Botschaft in Berlin; von 1939 bis 1940 letzter Propagandaminister der Dritten Republik. Jean Giraudoux starb am 1. Februar 1944 in Paris.
Giraudoux gehört zu den bedeutendsten Dramatikern des 20. Jahrhunderts. Neben einigen Romanen und Erzählungen schrieb er viele erfolgreiche Theaterstücke, u. a. ›Amphitryon 38‹ (1929; deutsch 1931), ›Kein Krieg in Troja‹ (1935; deutsch 1936), ›Elektra‹ (1937; deutsch 1959), ›Undine‹ (1939; deutsch 1946) und ›Die Irre von Chaillot‹ (1945; deutsch 1950).

JEAN GIRAUDOUX

KEIN KRIEG IN TROJA

DIE IRRE VON CHAILLOT

Zwei Stücke

FISCHER TASCHENBUCH VERLAG

Herausgegeben von Otto F. Best
Kein Krieg in Troja (La Guerre de Troie n'aura pas lieu)
Deutsch von Annette Kolb
Die Irre von Chaillot (La Folle de Chaillot)
Deutsch von W. M. Treichlinger

125.–126. Tausend: Oktober 1993

Veröffentlicht im Fischer Taschenbuch Verlag GmbH,
Frankfurt am Main, Februar 1959

Lizenzausgabe mit freundlicher Genehmigung
der S. Fischer Verlag GmbH, Frankfurt am Main

Die Bühnenrechte von ›Der Trojanische Krieg findet nicht statt‹
(in diesem Buch: ›Kein Krieg in Troja‹)
vertritt der Theaterverlag Desch, München
von ›Die Irre von Chaillot‹ der Europa Verlag, Zürich
Umschlaggestaltung: Buchholz / Hinsch / Hensinger
Druck und Bindung: Clausen & Bosse, Leck
Printed in Germany
ISBN 3-596-27033-2

KEIN KRIEG IN TROJA

Schauspiel in zwei Akten

PERSONEN

Andromache
Helena
Hekuba
Kassandra
Der Friede
Iris
Dienerinnen und
Trojanerinnen
Die kleine Polyxena

Hektor
Ulysses
Demokos
Priamus
Paris
Ajax
Der Marsgast
Der Geometer
Abneos
Troilus
Olpides
Busiris
Greise
Boten

ERSTER AKT

Terrasse auf einem Festungswall, überragt von einer zweiten Terrasse. Und von anderen Festungswällen beherrscht.

Erste Szene

Andromache, Kassandra

ANDROMACHE Der trojanische Krieg wird nicht stattfinden, Kassandra!

KASSANDRA Wetten wir, Andromache?

ANDROMACHE Recht hat er, dieser griechische Abgesandte. Man wird ihn willkommen heißen. Man wird ihm seine kleine Helena schön eingehüllt zurückgeben.

KASSANDRA Man wird ihm einen großen Empfang bereiten. Ihm Helena nicht zurückgeben. Und der trojanische Krieg wird stattfinden!

ANDROMACHE Ja, wenn Hektor nicht wäre ... Doch er naht, Kassandra. Er naht! Hörst du seine Fanfaren? ... Siegreich kehrt er soeben in die Stadt zurück. Ich denke: Der hat noch ein Wort zu sagen! Vor drei Monaten, als er auszog, schwur er mir: »Dieser Krieg ist der letzte!«

KASSANDRA Er ist der letzte gewesen. Der nächste steht vor der Tür.

ANDROMACHE Bist du es nicht müde, immer nur Furchtbares zu schauen, Furchtbares vorauszusehen?

KASSANDRA Ich sehe nichts, Andromache! Ich sehe auch nichts voraus. Ich ziehe nur die Dummheit in Betracht, die der Menschen und die der Elemente!

ANDROMACHE Warum sollte es zum Krieg kommen? Paris macht sich nichts mehr aus Helena. Und Helena macht sich nichts mehr aus Paris.

KASSANDRA Als ob es um diese beiden ginge!

ANDROMACHE Um wen sonst?

KASSANDRA Paris macht sich nichts mehr aus Helena! Helena sich nichts mehr aus Paris! Hast du je erlebt, daß sich das Schicksal an negative Redensarten kehrt?

ANDROMACHE Schicksal? Was ist das eigentlich?

KASSANDRA Ich will es dir sagen! Das Schicksal ist einfach die Zeit in ihrer beschleunigten Form. Es ist furchtbar!

ANDROMACHE Abstraktionen verstehe ich nicht.

KASSANDRA Wie du willst. So versuchen wir's mit Metaphern. Stelle dir einen Tiger vor! Das wirst du doch können? Jedes kleine Mädchen wird diese Metapher verstehen! – Einen Tiger, der schläft.

ANDROMACHE Laß ihn schlafen.

KASSANDRA Nichts lieber. Es sind aber die Schlagworte, die ihn aus seinem Schlummer reißen. Von ihnen erdröhnt Troja seit einiger Zeit.

ANDROMACHE Wovon, sagst du?

KASSANDRA Von Phrasen, die behaupten, daß die Führung der Welt den Menschen im allgemeinen und den Trojanern und Trojanerinnen im besonderen zukommt ...

ANDROMACHE Ich verstehe dich nicht.

KASSANDRA Hektor, sagst du, zieht zur Stunde in Troja ein?

ANDROMACHE Ja, zur Stunde kehrt Hektor zu seiner Frau zurück.

KASSANDRA Diese Frau des Hektor erwartet ein Kind?

ANDROMACHE Ja. Ich erwarte ein Kind.

KASSANDRA Nun, sind das alles keine positiven Behauptungen?

ANDROMACHE Kassandra, du machst mir angst!

EINE JUNGE DIENERIN *(geht vorüber, trägt ein Wäschebündel)* Welch schöner Tag, Herrin!

KASSANDRA So? Findest du?

JUNGE DIENERIN *abgehend* Trojas schönster Frühlingstag ist angebrochen.

KASSANDRA Darüber äußert sich sogar das Waschhaus positiv!

ANDROMACHE Nein, Kassandra! ... Wie kannst du an einem solchen Tag von Krieg reden? Glück senkt sich auf die Welt herab!

KASSANDRA Ein richtiger Schneefall.

ANDROMACHE Und Schönheit! ... Sieh nur die Sonne! Perlmutterglanz, der schimmert über Troja mehr noch als in den Tiefen des Meeres. Jede Fischerhütte, jeder Baum ist zur rauschenden Muschel gewandelt. Wenn sich je den

Menschen die Möglichkeit zeigte, in Frieden zu leben ... sich zu bescheiden ... und unsterblich zu sein ... so ist es heute ...

KASSANDRA Ja. Die Lahmen, die man vor Trojas Tore geschleppt hat, halten sich für unsterblich.

ANDROMACHE ... und gütig zu sein ... Sieh den Reiter einer Vorhut, wie er sich vom Pferde beugt ... um das Kätzchen dort auf der Burgzinne zu streicheln ... Vielleicht ist dies heute auch der erste Tag des Friedens zwischen dem Menschen und den Tieren.

KASSANDRA Du sprichst zu viel. Das Schicksal ist voll Unrast, Andromache.

ANDROMACHE Ach, die ist nur in den Mädchen, die ohne Gatten sind. Ich glaube dir nicht.

KASSANDRA Schade ... Ah, Hektor, mit Ruhm bedeckt, kehrt zur angebeteten Gattin heim ... Er blickt auf ... Ah! Da sitzen die Mummelgreise, die sich unsterblich wähnen ... auf ihren kleinen Bänken ... Hektor reckt und streckt sich ... Ja! Heute besteht eine Aussicht, daß der Friede sich der Welt bemächtigt ... Schon gelüstet es ihn ... Und Andromache wird einen Sohn gebären! Und die Kürassiere beugen sich von ihren Pferden herab, um die Kater zu streicheln, die auf den Wällen schweifen ... Da rückt es heran, das Schicksal.

ANDROMACHE Schweig!

KASSANDRA Lautlos schleicht es die Stufen des Palastes hinauf. Stößt mit den Nüstern die Türen auf! ... Das ist es ... Es ist da! ...

HEKTORS STIMME Andromache!

ANDROMACHE Du lügst! ... Es ist Hektor!

KASSANDRA Wer hat dir etwas anderes gesagt?

ZWEITE SZENE

Andromache, Kassandra, Hektor

ANDROMACHE Hektor!

HEKTOR Andromache! ... *(Sie umarmen sich.)* Auch dich grüße ich, Kassandra! ... Willst du mir Paris herholen?

So rasch wie möglich. *(Kassandra zögert.)* Du hast mir etwas zu sagen?

ANDROMACHE Höre nicht auf sie ... Gewiß wieder eine Katastrophe!

HEKTOR Sprich!

KASSANDRA Deine Frau erwartet ein Kind. *(Sie geht ab.)*

DRITTE SZENE

Andromache, Hektor

(Er hat sie in seine Arme genommen. Führt sie zart bis zur Steinbank. Setzt sich zu ihr. Kurzes Schweigen.)

HEKTOR Wird es ein Sohn sein? Eine Tochter?

ANDROMACHE Was hast du dir dabei gedacht?

HEKTOR Tausend Söhne ... tausend Töchter!

ANDROMACHE Warum? Hast du denn geglaubt, tausend Frauen zu umarmen? ... Du wirst enttäuscht sein. Es wird ein Sohn, ein einziger Sohn.

HEKTOR Zehn gegen eins, daß es ein Sohn ist ... Nach jedem Krieg kommen mehr Knaben als Mädchen auf die Welt.

ANDROMACHE Und vor einem Krieg?

HEKTOR Nichts mehr von Kriegen! Nichts mehr von Krieg! ... Eben ist er vorbei! Er hat dir den Vater, den Bruder genommen. Aber den Gatten zurückgebracht.

ANDROMACHE Zu gütig von ihm, wenn er sich nicht noch eines anderen besinnt.

HEKTOR Beruhige dich. Wir werden ihm das Handwerk legen. Gleich von dir weg will ich auf den Stadtplatz, die Pforte des Krieges schließen. Sie wird sich nie mehr öffnen.

ANDROMACHE Schließe sie nur. Aber sie wird sich öffnen.

HEKTOR Du kannst uns sogar den Tag nennen!

ANDROMACHE Wenn die Ähren schwer und golden stehen. die Reben unter ihrer Last sich beugen und alle Häuser Liebespaare bergen!

HEKTOR Und der Friede in Hochblüte steht?

ANDROMACHE Ja. Und mein Sohn ein großer, von Kraft strotzender Junge sein wird. *(Hektor küßt sie.)*

HEKTOR Dein Sohn kann ein Feigling werden. Das wäre eine Garantie.

ANDROMACHE Er wird nicht feige sein! Aber ich werde ihm den Zeigefinger der rechten Hand abschneiden.

HEKTOR Wenn alle Mütter ihren Söhnen den rechten Zeigefinger abschneiden, dann werden die Armeen in der ganzen Welt ohne Zeigefinger Krieg führen ... Wenn sie ihren Söhnen das rechte Bein amputieren – nun, so werden die Armeen einbeinig sein ... Und wenn sie ihnen die Augen ausstechen, dann werden die Armeen aus Blinden bestehen. Aber Armeen wird es geben, und im Handgemenge werden sie einander mit tastenden Fingern an die Kehle fahren ...

ANDROMACHE Lieber bringe ich ihn um.

HEKTOR Das ist die richtige mütterliche Lösung des Problems: Krieg!

ANDROMACHE Lache nicht! Ich kann ihn auch umbringen, ehe er auf die Welt kommt!

HEKTOR Was? Du willst ihn nicht einmal eine Minute lang betrachten, eine Minute nur? Später ... kannst du's dir überlegen ... Aber sehen mußt du ihn doch? Sehen! Deinen Sohn!

ANDROMACHE Nur weil es dein Sohn ist, liebe ich ihn. Und weil er von dir ist, weil er d u ist – zittere ich! Du ahnst nicht, wie ähnlich er dir sieht. In dem Nichts, das ihn noch birgt, besitzt er schon alles, was du in unser Zusammensein legtest. Er ist zärtlich, wie du es bist. Schweigsam wie du. Wenn du den Krieg liebst, wird er ihn lieben ... Liebst du den Krieg?

HEKTOR Was soll diese Frage?

ANDROMACHE Gesteh ... es gibt Tage, da du ihn liebst.

HEKTOR Wenn man lieben kann, was uns von Hoffnung, Glück, von den teuersten Menschen trennt ...

ANDROMACHE Du sagst es ... Man liebt ihn doch!

HEKTOR Wenn man sich davon verführen läßt, daß die Götter einen im Augenblick des Kampfes ein wenig ihre Rolle spielen lassen ...

ANDROMACHE Ah! Du fühlst dich als Gott im Augenblick der Schlacht?

HEKTOR Sehr oft weniger als ein Mensch . . . Aber an manchen Morgen erhebt man sich so leicht, so neu, so verwandelt von der Erde. Der Körper, die Waffen haben ein anderes Gewicht. Als wären sie aus anderen Elementen gemischt. Man ist unverwundbar. Von Zärtlichkeit durchbebt und .überströmt! Es ist die Vielfältigkeit des Gefühles, wie sie nur das Schlachtfeld kennt: man ist zärtlich, weil man unbarmherzig ist. Wahrlich, so muß die Zärtlichkeit der Götter sein! Langsam geht man dem Feind entgegen. Beinahe zerstreut. Doch zärtlich. Man vermeidet, einen Käfer zu zertreten. Man verjagt die Fliege, ohne sie zu erschlagen. Niemals achtet der Mensch das Leben, das ihm so begegnet, höher . . .

ANDROMACHE Jetzt aber stürmt der Feind heran? . . .

HEKTOR Der Feind kommt heran: schäumend, furchtbar. Mitleid regt sich. Denn hinter dem Geifer und den wilden Augen erkennt man die ganze Ohnmacht und Aufopferung des armen Erdenwurms, der er ist: den armen Gatten, Schwiegersohn, Vetter, der so gerne ein gutes Gläschen trinkt und eine Schwäche für seine Oliven hat. Man liebt ihn. Liebt die Warze auf seiner Wange, sein entzündetes Augenlid. Man liebt ihn . . . aber er greift unerbittlich an . . . Da tötet man ihn.

ANDROMACHE Und wie ein Gott beugt man sich über den armen Leichnam. Aber man ist kein Gott, der Tote wird nicht mehr lebendig.

HEKTOR Sich über ihn beugen? Nein! Denn schon warten andere. Auch mit Schaum vor dem Mund und Augen, die von Haß sprühen. Andere, die Frau und Kinder haben, Oliven und . . . den Frieden.

ANDROMACHE Und man tötet sie?

HEKTOR Man tötet sie. Es ist Krieg.

ANDROMACHE Alle tötet man?

HEKTOR Dieses Mal haben wir sie alle getötet. Vorsätzlich. Weil das Volk, dem sie angehörten, wirklich d a s Volk des Krieges war. Weil durch dieses Volk allein der Krieg Bestand hatte und in Asien sich verbreitete. Ein einziger ist entkommen.

ANDROMACHE In tausend Jahren werden alle Männer Söhne

dieses einen sein ... Vergebliche Rettung. Mein Sohn wird den Krieg lieben, weil du ihn liebst.

HEKTOR Ich glaube eher, daß ich ihn hasse ... Da ich ihn nicht mehr liebe.

ANDROMACHE Wieso kann man aufhören zu lieben, was man angebetet hat? Sag, Hektor? Es interessiert mich.

HEKTOR Siehst du, es geht wie mit einem Freund, der sich als Lügner entpuppt. Von da an klingt alles falsch, was er sagt, selbst wenn er die Wahrheit spricht ... Es mag seltsam scheinen: Aber auch vom Krieg hatte ich mir Güte, Großmut versprochen, Verachtung alles Niedrigen. Meine Begeisterung, meine Lebenslust und dich ... dich selbst ... glaubte ich ihm zu verdanken ... Ja – und kein Feind bis zu diesen letzten Kämpfen, den ich nicht geliebt hätte.

ANDROMACHE Du hast es eben gesagt: Richtig Lieben und Töten gehen Hand in Hand.

HEKTOR Und du ahnst nicht, wie alles, was Krieg heißt, sich harmonisch zusammenschloß, um mich von seinem Edelsinn zu überzeugen. Nächtlicher Galopp der Pferde; das Geräusch wie von Seide und von Geschirr zugleich, das den schwerbewaffneten Krieger kündet, wenn er die Zeltwand streift; der Schrei des Falken, der über Soldaten kreist, die im Hinterhalt lauern. Das alles hatte bis dahin für mich so richtig geklungen. So wundervoll richtig! ...

ANDROMACHE Und diesmal – hat dir der Krieg falsch geklungen?

HEKTOR Warum? Ist es das Alter? Oder einfach die Müdigkeit des Berufes, die den guten Handwerker an seinem Tisch plötzlich anwandelt und die auch mich eines Morgens übermannte, im Augenblick, da ich, über einen gleichaltrigen Feind gebeugt, ihn niedermachen wollte? Früher schienen mir die Menschen, denen ich ans Leben ging, immer das Gegenteil von mir selbst zu sein. Diesmal aber kniete ich vor einem Spiegel. Im Begriff zu morden, beging ich eine Art Selbstmord! Ich weiß nicht, was in diesem Fall der Tischler macht! Ob er sein Handwerkzeug und seinen Lack wegwirft oder ob er fortfährt ... Ich fuhr fort. Aber von dieser Minute an bestand nichts mehr von jener ehemaligen Harmonie. Die Lanze, die an meinen Schild schlug, gab plötzlich einen schrillen Klang ... und auch der Aufprall des Getöteten auf dem Boden und einige Stunden später der Einsturz der Paläste ... Der Krieg übrigens hat erraten, daß ich plötzlich seinen wahren Sinn verstand. Er ließ die Maske fallen .. Die Schreie der Sterbenden klangen falsch, auch sie ... So weit ist es mit mir gekommen ...

ANDROMACHE Und für die anderen war es kein Mißklang?

HEKTOR Den anderen ging es wie mir. Die Armee, die ich zurückbringe, haßt den Krieg.

ANDROMACHE Eine Armee, die falsch hört.

HEKTOR O nein. Du machst dir keine Vorstellung, wie plötzlich – es ist kaum eine Stunde her – ihr alles wieder richtig klang beim Anblick Trojas. Kein einziges Regiment, das nicht still gestanden hätte. So daß wir nicht gewagt haben, in Massen mit dem üblichen Getrampel durch die Tore einzuziehen. In kleinen Gruppen zogen wir die Mauern entlang ... Es ist die einzig würdige Aufgabe einer Armee: die sich darbietende Heimat mit Frieden zu überziehen.

ANDROMACHE Hast du denn nicht begriffen, daß dies die ärgste Lüge war? Hektor! In Troja gebietet der Krieg. Er ist es, der euch an den Toren empfangen hat. Er ist es, der mich fassungslos in deine Arme wirft, und nicht die Liebe.

HEKTOR Was erzählst du da?

ANDROMACHE Weißt du denn nicht, daß Paris Helena entführt hat?

HEKTOR Man hat es mir eben erzählt ... Nun? Und?

ANDROMACHE ... und daß die Griechen sie zurückfordern. Daß ihr Abgesandter heute kommt? Und daß – wenn Helena nicht mit ihm ziehen darf – Krieg sein wird?

HEKTOR Weshalb sollte man sie nicht zurückgeben? Ich selbst werde es tun.

ANDROMACHE Niemals wird Paris einwilligen.

HEKTOR In wenigen Minuten wird mir Paris nachgegeben haben. Kassandra führt ihn her.

ANDROMACHE Er kann nicht nachgeben. Sein Ruhm – wie ihr Männer es nennt – zwingt ihn, nicht nachzugeben. Vielleicht auch, wie er sagt, seine Liebe.

HEKTOR Das werden wir ja sehen. Geh zu Priamus. Frag ihn, ob er mich gleich vorlassen kann. Und ängstige dich nicht. Alle Trojaner, die Kriege geführt haben und Krieg führen können, wollen ihn nicht.

ANDROMACHE Aber die anderen?

KASSANDRA Hier ist Paris.

(Andromache geht ab.)

VIERTE SZENE

Kassandra, Hektor, Paris

HEKTOR Meine Glückwünsche, Paris. Du hast ja die Zeit unserer Abwesenheit vortrefflich genützt.

PARIS Nicht übel. Danke.

HEKTOR Was für eine Geschichte mit Helena ist das also?

PARIS Helena ist sehr nett. Nicht wahr, Kassandra?

KASSANDRA Recht nett.

PARIS Recht nett? Warum bist du heute so kühl? Gestern noch hast du gesagt, daß sie sehr hübsch ist.

KASSANDRA Sie ist sehr hübsch und recht nett.

PARIS Gleicht sie nicht einer anmutigen kleinen Gazelle?

KASSANDRA Nein.

PARIS Du selbst hast mir gesagt, daß sie einer Gazelle gleicht.

KASSANDRA Ich habe mich geirrt. Inzwischen habe ich nämlich eine Gazelle gesehen.

HEKTOR Ihr langweilt mich mit euren Gazellen ... Gleicht sie denn so wenig einer Frau?

PARIS Oh! Der hiesige Frauentyp ist sie freilich nicht.

KASSANDRA Welches ist der hiesige Frauentyp?

PARIS Der deine, liebe Schwester. Ein Typ mit schrecklich wenig Distanz.

KASSANDRA Hält deine Griechin Distanz in der Liebe?

PARIS Höre unsere Jungfrauen darüber! ... Du weißt genau. was ich meine. Ich habe genug von den asiatischen Frauen. Ihre Umarmungen kleben; ihre Küsse sind Einbrüche, ihre Worte ebensoviele Schluckbewegungen, um uns zu verschlingen. Wenn sie sich entkleiden, ist es, als ob sie ein

Gewand anlegten, das noch überladener ist als alle anderen: nämlich ihre Nacktheit; und ihre Schminke scheint nur da zu sein, damit sie auf uns abfärbt – und sie tut es auch ... Kurz und gut: man ist ihnen entsetzlich nahe ... Helena aber – auch in meinen Armen ist Helena weit von mir!

HEKTOR Sehr interessant! Aber glaubst du, daß es sich lohnt, einen Krieg zu führen, damit Paris auf Distanz seine Liebesspiele treibt?

KASSANDRA Auf Distanz? Paris liebt unnahbare Frauen, aber so nah wie möglich.

PARIS Helenas Ferne, wenn sie gegenwärtig ist, wiegt alles auf.

HEKTOR Wie war die Entführung? Willig? Oder mit Gewalt?

PARIS Aber Hektor! Du kennst doch die Frauen ebenso gut wie ich. Sie willigen nur ein, wenn man Gewalt braucht. Aber dann mit Begeisterung.

HEKTOR Geschah es zu Pferd? Und unter Zurücklassung von Pferdemist vor ihren Fenstern? Du weißt, das ist das Kennzeichen der Verführer.

PARIS Soll das ein Verhör sein?

HEKTOR Es ist ein Verhör. Versuche doch einmal, präzise Antworten zu geben. Du hast also weder dem ehelichen Bett noch der griechischen Erde Schimpf angetan?

PARIS Nein. Ein wenig allerdings dem griechischen Meer. Sie war im Begriffe zu baden ...

KASSANDRA Dem Schaum entstiegen also? Ihre Kälte ist aus dem Schaum geboren, wie Venus.

HEKTOR Du hast die Säulen des Palastes nicht mit beleidigenden Inschriften und Zeichnungen bedeckt, wie es deine Art ist? Du hast nicht als erster dem Echo ein Wort zugerufen, das nunmehr dem betrogenen Gatten von überallher in die Ohren klingt?

PARIS Nein. Menelaus stand nackt am Ufer. Er war damit beschäftigt, seine große Zehe von einer Krabbe zu befreien. Er hat meinem Boot nachgeblickt, als ob der Wind ihm seine Gewänder entführte.

HEKTOR Mit wütender Miene?

PARIS Die Miene eines Königs, den eine Krabbe zwickt, ist nie freudestrahlend gewesen.

HEKTOR Andere Zuschauer gab es keine?

PARIS Meine Matrosen.

HEKTOR Vortrefflich!

PARIS Warum vortrefflich? Was willst du damit sagen?

HEKTOR Ich sage: vortrefflich, weil du nichts verübt hast, was nicht gutzumachen wäre. Da sie unbekleidet war, ist an keinem einzigen ihrer Gewänder noch ihrer Sachen gefrevelt worden. Nur an ihrem Körper. Das ist Nebensache. Ich kenne die Griechen. Aus dem Unfall dieser kleinen griechischen Königin werden sie ein für sie höchst ehrenvolles göttliches Abenteuer machen. Das Meer hat sie ein bißchen verschluckt, und nach einigen Monaten taucht sie wieder auf, mit dem unschuldigsten Gesicht.

KASSANDRA Für das Gesicht garantieren wir.

PARIS Was? Du glaubst, daß ich Helena Menelaus zurückbringen werde?

HEKTOR So viel verlangen wir nicht einmal von dir. Und er auch nicht... Das besorgt schon der griechische Abgesandte... Wo sie abhanden gekommen ist, genau an diese Stelle wird er sie wieder hinverpflanzen, wie ein Gärtner seine Wasserpflanzen. Heute abend wirst du Helena dem Gesandten übergeben.

PARIS Du scheinst dir von der Ungeheuerlichkeit, die du verlangst, keine Rechenschaft zu geben! Wie? Ein Mann, der einer Nacht mit Helena entgegensieht, sollte darauf verzichten?

KASSANDRA Es bleibt dir noch ein Nachmittag mit Helena. Sehr griechisch!

HEKTOR Du wirst nachgeben. Wir kennen dich. Es ist nicht die erste Trennung, die du hinnimmst.

PARIS Du hast recht, lieber Hektor! Bisher habe ich eher frohen Herzens in jede Trennung gewilligt. Die Trennung von einer Frau – und wäre es auch die geliebteste – hat ihre angenehmen Seiten, die niemand besser zu schätzen weiß als ich. Der erste Spaziergang durch die Straßen nach der letzten Umarmung, der Anblick des herzigen rosigen Gesichtchens einer kleinen Näherin, nachdem eben die angebetete Geliebte mit einer vom Weinen geröteten Nase schied; das helle Lachen der Wäscherin oder der Blumenhändlerin, nach den vom Trennungsschmerz heiseren Abschiedsworten – bereiten eine Genugtuung, für die ich gern alle anderen hingebe. Man hat ein einziges Wesen verloren. Und gleich ist diese Leere mächtig bevölkert. Alles ist neu erschaffen; alles gehört mir. Und dies – in aller Freiheit, in aller Reinheit, in allem Frieden des Gewissens! ... Ja, du hast recht. Die Liebe enthält wirklich wunderbare Höhepunkte: nämlich wenn es zum Bruch kommt ... So werde ich mich niemals von Helena trennen, denn wenn ich bei ihr bin, ist es mir, als hätte ich mit allen anderen Frauen der Welt gebrochen. Und als würden mir tausend Freiheiten und tausend erlesene Freuden statt einer einzigen zuteil.

HEKTOR Weil dich Helena nicht liebt. Jedes deiner Worte beweist es.

PARIS Möglich. Aber allen Leidenschaften ziehe ich Helenas Art und Weise vor, mich nicht zu lieben.

HEKTOR Ich bedaure sehr. Aber du wirst Helena zurückgeben.

PARIS Du hast hier nicht zu befehlen.

HEKTOR Ich bin dein älterer Bruder. Und der zukünftige Herr!

PARIS Dann befiehl in der Zukunft. Gegenwärtig folge ich dem Gebot meines Vaters!

HEKTOR Mehr fordere ich nicht. Bist du einverstanden, daß wir uns dem Urteil des Priamus unterwerfen?

PARIS Vollkommen einverstanden.

HEKTOR Du schwörst? Wir schwören?

KASSANDRA Vorsicht, Hektor! Priamus ist vernarrt in Helena. Eher würde er seine Tochter ausliefern.

HEKTOR Was erzählst du da?

PARIS Die Wahrheit! Weil sie endlich einmal die Gegenwart und nicht die Zukunft verkündet.

KASSANDRA Und alle unsere Brüder und alle unsere Onkel und alle unsere Urgroßonkel ... Helena besitzt eine Ehrengarde, in der alle Mummelgreise beisammen sind. Sieh hin. Es ist die Stunde ihres Spaziergangs ... Siehst du dort auf den Zinnen die vielen weißen Bärte? ... Wie Störche, die auf den Festungswällen herumstolzieren.

HEKTOR Ein schöner Anblick: weiße Bärte! Rote Gesichter!

KASSANDRA Kongestionen ... jawohl! Sie hätten doch an dem Tor des Skamander zu stehen, durch das unsere siegreichen Truppen einziehen. Aber nein! Sie harren an dem Tore, durch das Helena schreiten wird.

HEKTOR Jetzt bücken sie sich wie Störche, wenn eine Ratte vorüberflitzt!

KASSANDRA Es ist Helena, die vorübergeht ...

PARIS Ah, ja?

KASSANDRA Sie steht auf der zweiten Terrasse. Sie bindet ihre Sandale fest. Und achtet wohl dabei, ihr Bein recht hoch zu heben.

HEKTOR Unerhört! Trojas Greise drängen sich, um sie von dort oben anzuschauen.

KASSANDRA Nein. Die Schlauesten schauen von unten.

RUFE HINTER DER KULISSE Es lebe die Schönheit!

HEKTOR Was rufen sie?

PARIS Es lebe die Schönheit!

KASSANDRA Ich teile ihren Wunsch: sie sollen rasch sterben.

RUFE HINTER DER KULISSE Es lebe Venus! ...

HEKTOR: Und jetzt?

KASSANDRA Es lebe Venus ... Sie wählen nur Sätze ohne »R«. Weil sie keine Zähne mehr haben ... Es lebe die Schönheit ... Es lebe Venus ... Es lebe Helena! ... Sie bilden sich ein, stolze Rufe auszustoßen. Aber es ist nur der höchste Grad von senilem Nuscheln.

HEKTOR Was hat Venus damit zu tun?

KASSANDRA Sie bilden sich ein, daß Venus es ist, die uns Helena geschenkt hat! Um Paris dafür zu belohnen, daß er ihr auf den ersten Blick den Apfel darbot.

HEKTOR Das war auch ein schöner Streich von dir!

PARIS Immerzu mußt du den Erstgeborenen spielen.

Fünfte Szene

Dieselben, zwei Greise

Erster Greis Von unten – sehen wir sie besser ...

Zweiter Greis Wir haben sie sogar sehr ausführlich gesehen!

Erster Greis Aber von hier oben hört sie uns besser ... Vorwärts: Eins, zwei, drei!

Beide Es lebe Helena!

Zweiter Greis Es ist recht ermüdend in unserem Alter, immerfort diese schrecklichen Stiegen hinauf- und hinunterzugehen. Je nachdem, ob wir sie sehen oder ob wir ihr zujauchzen wollen.

Erster Greis Wollen wir einander ablösen? Einen Tag werden wie sie hochleben lassen. Und einen Tag uns an ihrem Anblick weiden.

Zweiter Greis Bist du bei Sinnen? Einen ganzen Tag – ohne Helena richtig in Augenschein zu nehmen ... Bedenke, was wir heute alles von ihr gesehen haben. Eins, zwei, drei!

Beide Es lebe Helena!

Erster Greis Und jetzt hinunter. *(Sie verschwinden im Laufschritt.)*

Kassandra Was sagst du dazu, Hektor? Ich frage mich, wie alle diese ausgepumpten Lungen das aushalten werden?

Hektor Unser Vater kann nicht so sein.

Paris Höre, Hektor. Ehe wir vor Priamus hintreten, könntest du vielleicht einen Blick auf Helena werfen.

Hektor Was schert mich Helena! ... Oh ... Vater ... Sei gegrüßt!

(Priamus tritt auf. Begleitet von Hekuba, von dem Dichter Demokos und einem Greis. Hekuba führt die kleine Polyxena an der Hand.)

Sechste Szene

Hekuba, Priamus, Andromache, Kassandra, Hektor, Paris, Demokos, der Geometer, die kleine Polyxena

Priamus Was hast du mir zu sagen?

Hektor Ich sage, Vater, daß wir in aller Eile die Pforte des Krieges schließen, sie verriegeln, sie verrammeln müssen. Keine Mücke soll zwischen den beiden Torflügeln hindurchschlüpfen können!

Priamus Du schienst dich vorhin kürzer zu fassen.

Demokos Er hat gesagt, daß er sich nicht um Helena schert.

Priamus Blick hinab ... *(Hektor folgt dem Befehl.)* Siehst du sie?

Hekuba Jawohl. Er sieht sie! Ich frage mich, wer sie übersehen könnte und wer sie noch nicht gesehen hat. Sie macht ihren Rundgang.

Demokos Den Rundgang der Schönheit.

Priamus Siehst du sie?

Hektor Nun ja ... Was dann?

Demokos Priamus fragt dich, was du gesehen hast.

Hektor Eine junge Frau, die ihre Sandale fester bindet.

Kassandra Etwas lange braucht sie dazu.

Paris Ich habe sie nackt und ohne Garderobe entführt. Die Sandalen sind von dir. Deshalb sind sie etwas zu groß.

Kassandra Frauen von kleinem Wuchs ist leicht alles zu groß.

Hektor Ich sehe zwei reizende Schenkel.

Hekuba Er sieht, was ihr alle seht.

Priamus Du armes Kind!

Hektor Wie?

Demokos Priamus sagt: »Du armes Kind.«

Priamus Ja. Ich wußte nicht, daß es mit Trojas Jugend so weit gekommen ist.

Hektor Wie weit denn?

Priamus So weit, daß sie der Schönheit gegenüber blind ist!

Demokos Und infolgedessen auch von Liebe nichts weiß. Sie sind Realisten geworden. Wir Dichter nennen das: Realismus!

HEKTOR Bleiben also nur noch die trojanischen Greise als Experten in Dingen der Schönheit und der Liebe?

HEKUBA Natürlich. Denn wer noch die Kraft hat zu lieben oder wer die Schönheit hat, dem obliegt es nicht zu erläutern, was Liebe und Schönheit ist.

HEKTOR Schönheit ist nicht so selten, Vater. Ich will nichts gegen Helena sagen. Aber Schönheit ist eine alltägliche Sache.

PRIAMUS Das glaubst du selbst nicht, Hektor. Du wirst beim Anblick einer Frau doch schon gefühlt haben, daß sie nicht nur sie selbst war, sondern daß eine ganze Flut von Gedanken und Gefühlen sich in ihren Leib ergossen hat, der nun von ihrem Glanze überströmt.

DEMOKOS So ist der Rubin die strahlende Gestalt des Blutes.

HEKTOR Nicht für solche, die Blut gesehen haben. Davon verstehe ich etwas.

DEMOKOS Ich meine es symbolisch. Du bist zwar ein Krieger, doch hast du gewiß schon von Symbolen sprechen gehört und bist Frauen begegnet, welche dir auf den ersten Blick die Intelligenz, die Harmonie, die Sanftmut zu verkörpern schienen?

HEKTOR Ich bin solchen Frauen begegnet.

DEMOKOS Was hast du dann getan?

HEKTOR Ich trat ihnen näher, und es war zu Ende ... Was soll diese da verkörpern?

DEMOKOS Das hast du doch gehört: die Schönheit.

HEKUBA Dann gebt sie rasch den Griechen zurück, wenn ihr wollt, daß sie die Schönheit noch lange verkörpert. Sie ist nämlich eine Blondine. Die halten sich nicht lang.

DEMOKOS Unmöglich, mit Frauen vernünftig zu sprechen!

HEKUBA Dann sprecht nicht von Frauen! Jedenfalls seid ihr weder galant noch patriotisch. Jedes Volk erhebt die Frau zum Symbol seiner Wesensart. Selbst wenn ihre Nase platt und ihre Lippen wulstig sind. Ihr seid die einzigen, die ihr Symbol anderswo suchen.

HEKTOR Vater, meine Kameraden und ich kehren erschöpft zurück. Wir haben unsern Kontinent auf immer befriedet. Jetzt aber wollen wir endlich glücklich leben. Wir verlangen, daß uns unsere Frauen lieben können, ohne ewig zu bangen. Und daß sie ihre Kinder haben können.

DEMOKOS Weise Forderungen. Aber der Krieg hat Frauen nie gehindert, niederzukommen.

HEKTOR Sag mir, warum wir Troja auf den Kopf gestellt sehen, nur weil Helena darin weilt? Sag mir, was für Vorteile sie uns beschert, die einen Streit mit den Griechen wert sein könnten.

DER GEOMETER Die ganze Welt kann dir darauf Antwort geben! . . . Ich auch!

HEKUBA Jetzt mischt sich auch der Geometer ein.

DER GEOMETER Jawohl! Und ich glaube, daß auch Geometer sich mit Frauen zu befassen haben. Sie haben auch eure Erscheinung zu bemessen. Ich will gar nicht näher darauf eingehen, wie sehr ein Geometer durch zu dicke Schenkel oder durch Fettwülste an einem Frauenhals leiden kann . . . Nun denn: Die Geometer waren bis vor kurzem von Trojas Umgebung wenig erbaut. Dort, wo sich Ebene und Hügel aneinanderschließen, fehlte es den Linien an Schwung. Dort, wo Hügel sich an Berge lehnen, war die Linie wie aus Draht. Aber seitdem Helena hier ist, hat die Landschaft ihren Sinn, ihre Form erhalten. Und – ein Vorzug, für den wir Geometer besonders empfänglich sind – Fläche und Volumen besitzen nur mehr ein gemeinsames Maß: Helena! Dadurch sind alle Instrumente, die Menschen erfunden haben, um das Weltall zu verkleinern, zunichte geworden. Es gibt kein Meter mehr, kein Gramm, keine Meile. Es gibt nur mehr den Schritt Helenas, die Elle Helenas, die Tragweite des Blickes und der Stimme Helenas, und der leise Luftzug, den ihr Schreiten verursacht, ist das Maß der Winde. Sie ist unser Barometer, unser Anemometer. Das ist es, was dir die Geometer sagen.

HEKUBA Er weint, der Idiot!

PRIAMUS Mein lieber Sohn, sieh nur die Menge um dich her, und du wirst erfassen, was Helena ist! Sie ist eine Art von Absolution. Sie beweist all diesen Greisen, die sie umlauern und die ihre weißen Haare auf den Zinnen der Stadt flattern lassen – dem Räuber, dem Mädchenhändler, dem Entgleisten, der sein Leben verpfuschte –, daß sie alle im geheimsten ihrer Herzen zu einer Forderung berechtigt waren: es ist die Schönheit! Wenn Schönheit ihnen immer so nahe gewesen wäre, wie es Helena heute ist, dann hätten sie ihre Freunde nicht bestohlen, ihre Töchter nicht verschachert, ihr Erbe nicht versoffen. Helena bedeutet ihnen: ihre Gnade, ihre Vergeltung und ihre Zukunft!

HEKTOR Die Zukunft von Greisen ist mir gleichgültig.

DEMOKOS Hektor, ich bin ein Dichter, und mein Urteil ist das Urteil eines Dichters. Stelle dir einmal vor, unser Wortschatz wäre zu arm, um der Schönheit eine Unterkunft zu bieten. Nimm an, das Wort »Wonne« gäbe es nicht!

HEKTOR Dann würden wir darauf verzichten. Für meinen Teil habe ich es längst getan. Ich gebrauche das Wort »Wonne« nur, wenn ich gar nicht anders kann.

DEMOKOS Wahrscheinlich würdest du auch auf das Wort »Wollust« verzichten?

HEKTOR Wenn dieses Wort nur um den Preis eines Krieges zu haben wäre – ja!

DEMOKOS Das schönste Wort, das Wort »Mut«, hast du um den Preis des Krieges erkauft.

HEKTOR Es war ein hoher Preis.

HEKUBA Bei dieser Gelegenheit ist offenbar auch das Wort »Feigheit« entstanden.

PRIAMUS Mein Sohn! Warum tust du dir Gewalt an, um uns nicht zu verstehen?

HEKTOR Ich verstehe euch sehr gut. Durch Verdrehung und Verfälschung der Wahrheit – unter dem Vorwand, daß wir uns für die »Schönheit« schlagen, wollt ihr, daß wir es einer Frau wegen tun.

PRIAMUS Und für gar keine Frau würdest du in den Krieg ziehen?

HEKTOR Gewiß nicht!

HEKUBA Und wie recht er hätte!

KASSANDRA Vielleicht wenn es eine einzige Frau auf der Welt gäbe. Aber die Ziffer ist weit überschritten.

DEMOKOS Um dir Andromache zurückzugewinnen, würdest du nicht Krieg führen?

HEKTOR Andromache und ich haben bereits geheime Vorsorge getroffen, um jedem Gefängnis zu entfliehen und uns wieder zu vereinigen.

DEMOKOS Um euch zu vereinigen, wenn alle Hoffnung verloren ist?

ANDROMACHE Auch dann.

HEKUBA Bravo, Hektor! Du reißt ihnen die Maske herunter. Sie wollen einer Frau wegen Krieg führen. Das ist die Art, wie Impotente lieben!

DEMOKOS Man erweist euch große Ehre.

HEKUBA Ha! Schöne Ehre!

DEMOKOS Gestatte, daß ich dir widerspreche: Das Geschlecht, dem meine Mutter angehört, werde ich hochhalten. Selbst wenn es sich um Frauen niederster Sorte handelt.

HEKUBA Das wissen wir. Die hast du oft hochgehalten ... *(Die Dienerinnen, die bei dem lauten Disput zusammengelaufen sind, lachen auf.)*

PRIAMUS Hekuba, Töchter! Was soll diese Auflehnung heißen? Der hohe Rat stellt sich die Frage, ob er für eine von euch das Reich gefährden soll – und ihr fühlt euch beleidigt?

ANDROMACHE Es gibt nur eine einzige Erniedrigung für die Frau: die Ungerechtigkeit!

DEMOKOS Wie peinlich, konstatieren zu müssen, daß die Frauen am allerwenigsten wissen, was eine Frau ist!

EINE JUNGE DIENERIN *(die vorübergeht)* Herrjeh! Herrjeh!

HEKUBA Sie wissen es genau. Und ich, ich werde euch sagen, was die Frau ist.

DEMOKOS Priamus, entziehe ihnen das Wort. Man weiß nie, was eine zu sagen imstande ist!

HEKUBA Jawohl. Sie sind imstande, die Wahrheit zu sagen!

PRIAMUS Meine Lieben! Ich brauche nur an eine von euch zu denken, um zu wissen, was eine Frau ist.

DEMOKOS Erstens: Sie ist das Prinzip unserer Energie. Das weißt auch du, Hektor. Der Krieger, der in seiner Tasche kein Frauenbildnis trägt, ist nichts wert.

KASSANDRA Sie ist die Triebfeder eures Hochmuts, jawohl!

HEKUBA Und eurer Laster.

ANDROMACHE Ein armes Agglomerat von Unsicherheit, ein

Häuflein Angst! Dem alles zuwider ist, was schwer, dem wert und lieb, was leicht eingeht und gewöhnlich ist.

HEKTOR Liebe Andromache!

HEKUBA Sehr einfach: seit fünfzig Jahren bin ich eine Frau, aber es ist mir noch nicht gelungen, ganz genau zu wissen, was ich eigentlich bin.

DEMOKOS Zweitens: Ob sie es will oder nicht, die Frau ist der einzige ernsthafte Preis für den Mut . . . Fragt nur den einfachsten Soldaten. Einen Mann töten, heißt, sich eine Frau verdienen.

ANDROMACHE Sie liebt die Feigen, die Liederlichen. Wäre Hektor feig oder liederlich, ich würde ihn lieben . . . ebensosehr lieben . . . vielleicht sogar mehr . . .

PRIAMUS Andromache, übertreibe nicht. Du läufst Gefahr, das Gegenteil von dem zu beweisen, was du beweisen willst.

POLYXENA Und naschhaft ist sie. Und lügen tut sie.

DEMOKOS Und von dem, was im menschlichen Leben die Treue der Frau, ihre Reinheit bedeutet, davon wird nicht gesprochen, nicht wahr?

JUNGE DIENERIN O je! O je!

DEMOKOS Was soll das heißen?

DIENERIN Ich sag: O je! O je! Ich sag, was ich mir denke!

POLYXENA Sie zerbricht ihre Puppen. Sie steckt ihre Köpfe ins kochende Wasser.

HEKUBA Je mehr wir Frauen altern, desto klarer erkennen wir, was Männer sind. Heuchler, Aufschneider, Böcke! Je mehr die Männer altern, desto beflissener behängen sie uns mit allen Tugenden. Jede Hure, die an einer Straßenecke steht, wird in eurer Erinnerung ein Geschöpf reiner Liebe.

PRIAMUS Hast du mich betrogen, Hekuba?

HEKUBA Nur mit dir. Aber hundertmal!

DEMOKOS Hat Andromache Hektor betrogen?

HEKTOR Laß doch Andromache in Ruhe! Mit diesen Weibergeschichten hat sie nichts zu schaffen.

ANDROMACHE Wenn Hektor nicht mein Mann wäre, so würde ich ihn mit ihm selbst betrügen. Wenn er ein armer, krummbeiniger Fischer wäre, bis in seine Hütte würde ich ihn verfolgen. Um mich auf einem Lager von Austernschalen und von Seegras auszustrecken. Und um von ihm einen Bastard zu empfangen.

POLYXENA Die ganze Nacht schläft sie nicht. Zufleiß. Liegt nur still mit geschlossenen Augen.

HEKUBA *(zu Polyxena)* Was hast du dreinzureden! Unerhört! Schweig!

DIENERIN Ein Mann! Etwas Ärgeres gibt es nicht als den!

DEMOKOS Mag uns die Frau betrügen! Mag sie ihre Würde. ihren Wert nicht achten. Da sie nicht fähig ist, das Ideal hochzuhalten, das ihr Kraft gibt und ihre Seele vor Runzeln bewahrt, so ist es an uns, dies zu tun.

DIENERIN: Ach, die schönen Leisten!

PARIS Nur eins vergessen sie, zu sagen, daß sie nicht eifersüchtig sind.

PRIAMUS Liebe Töchter! Gerade eure Empörung beweist mir, daß wir recht haben. Gibt es höhere Großmut als diese, die euch jetzt treibt, für den Frieden zu streiten? Für einen Frieden, der euch schlaffe, faule, verlogene Gatten geben wird. Während der Krieg Männer aus ihnen macht! . . .

DEMOKOS Helden!

HEKUBA Das Wörterbuch kennen wir auswendig. In Kriegszeiten heißt der Mann: Held! Auch wenn er gar nicht mutig ist und schnellstens ausreißt. Dann bleibt er doch ein Held, ein Held, der das Hasenpanier ergreift.

ANDROMACHE Vater, ich beschwöre Sie, wenn Sie so viel Freundschaft für uns Frauen fühlen, so hören Sie, was alle Frauen der Welt Ihnen durch meinen Mund verkünden. Laßt uns unsere Gatten hier, so wie sie sind. Die Götter sorgen schon dafür, daß sie ihren Scharfsinn, ihre Behendigkeit üben müssen. Die Elemente! Die Tiere! Solange es Wölfe, Elefanten und Leoparden gibt, wird der Mensch einen gefährlicheren Feind besitzen als den Menschen. Die großen Raubvögel, die uns umkreisen, die Hasen, deren Fell wir Frauen nicht vom Heidekraut unterscheiden können – sie sind eine bessere Gewähr für die scharfen Augen unserer Gatten als die Zielscheibe, die ihnen das Herz des gepanzerten Feindes bietet. Jedesmal, wenn ich einen Hirschen oder einen Adler erlegen sah, wußte ich ihm Dank. Denn er starb für Hektor. Warum soll ich Hektors Leben anderen Männern verdanken?

PRIAMUS Das will ich ja gar nicht, mein Liebling. Aber wißt ihr, warum ihr so schöne, so mutige Frauen seid? Weil eure Gatten, eure Väter und eure Ahnen Krieger waren. Wenn sie ihr Handwerk lässig betrieben hätten; wenn sie nicht erkannt hätten, daß eine so öde und blöde Beschäftigung wie das Leben plötzlich Berechtigung findet und durch die Verachtung, welche die Männer für sie empfinden, sich verklärt, dann würdet ihr feig sein und den Krieg fordern. Es gibt nur einen Weg, sich hienieden unsterblich zu fühlen: zu vergessen, daß man sterblich ist ...

ANDROMACHE Aber Sie wissen doch, Vater, daß es die Mutigen sind, die im Kriege fallen. Um nicht zu fallen, muß man entweder viel Glück haben oder äußerst schlau sein. Man muß wenigstens einmal vor der Gefahr den Kopf gebeugt haben oder einmal demütig in die Knie vor ihr gesunken sein. Die Soldaten, die durch Triumphbögen defilieren, das sind die, die vor dem Tod desertiert sind. Wieso kann ein Land an Ehre und Kraft gewinnen, wenn es beide einbüßt?

PRIAMUS Tochter, die erste feige Handlung ist die erste Runzel auf dem Antlitz eines Volkes.

ANDROMACHE Was aber ist die ärgere Feigheit? Dem anderen gegenüber feig zu erscheinen und den Frieden zu sichern? Oder feig gegen sich selbst zu sein und den Krieg heraufzubeschwören?

DEMOKOS Feig nenne ich es, wenn man nicht den Tod für das Vaterland jeder anderen Todesart vorzieht.

HEKUBA Auf diese poetische Floskel habe ich gewartet. Die läßt sich der Dichter nicht entgehen!

ANDROMACHE Man stirbt immer für sein Vaterland. Würdig, tätig, weise sein Dasein verbringen, heißt auch für sein Vaterland sterben. Die Gefallenen ruhen nicht friedlich unter der Erde, Priamus. Sie gehen nicht in ihr auf. Sie werden nicht zur Scholle, nicht zu ihren Säften. Sooft man unter der Erde auf ein menschliches Skelett stößt.

immer liegt ein Schwert daneben. Es ist ein Knochen der Erde, ein unfruchtbarer Knochen. Es ist ein Krieger!

HEKUBA Oder dann sollen nur die Greise Krieger sein. Jedes Land ist das Land der Jugend. Es stirbt, wenn seine Jugend stirbt.

DEMOKOS Laßt uns in Ruhe mit eurer Jugend. In dreißig Jahren wird sie das Alter sein.

KASSANDRA Da irrst du dich.

HEKUBA Wieso? Wenn der Mann vierzig Jahre alt wird, räumt er dem Greise in sich Platz ein. Er selbst verschwindet. Nur äußerlich ähneln sich die beiden noch. Aber sie haben nichts mehr miteinander gemein.

DEMOKOS Das Streben nach Ruhm hat mich nicht verlassen, Hekuba.

HEKUBA Gewiß nicht. So wenig wie der Rheumatismus ... *(Neuerliches Gelächter der Dienerinnen.)*

HEKTOR Und du hörst das alles an, Paris, ohne nur ein Wort zu sagen? Und es fällt dir nicht ein, ein Liebesabenteuer zu opfern, um uns Jahre des Haders und Gemetzels zu ersparen?

PARIS Was soll ich dazu sagen? Mein Fall ist international.

HEKTOR Liebst du Helena wirklich?

KASSANDRA Sie sind beide bereits zum Symbol der Liebe geworden. Sie brauchen sich gar nicht mehr zu lieben.

PARIS Ich bete Helena an!

KASSANDRA *(von dem Festungswall herabblickend)* Da kommt Helena!

HEKTOR Falls ich Helena überrede, sich einzuschiffen, willigst du dann ein?

PARIS Ja, ich willige ein.

HEKTOR Vater, werden Sie Helena mit Gewalt zurückhalten, wenn sie sich bereit erklärt, nach Griechenland zurückzukehren?

PRIAMUS Wozu Unmögliches in Betracht ziehen?

HEKUBA Unmöglich? Warum? Wenn die Frauen wirklich so sind wie ihr sagt – ja, wenn nur ein Viertel davon wahr ist – so wird Helena von selbst Troja verlassen.

PARIS Vater! Ich bin es, der Euch nun bittet! Ihr seht, Ihr hört sie alle. Sooft es sich um Helena handelt, wird die königliche Familie zu einem Klan von Schwiegermüttern, Schwägerinnen, Schwiegervätern; würdig, der philiströsesten Bourgeoisie anzugehören. Wirklich, es gibt keine demütigendere Beschäftigung für den Sohn einer zahlreichen Familie, als die Rolle des Verführers zu spielen. Ich bin ihrer Anzüglichkeiten müde. Ich lasse Hektors Herausforderung gelten.

DEMOKOS Helena gehört nicht dir allein, Paris! Sie gehört der Stadt. Sie gehört dem Land.

DER GEOMETER Sie gehört der Landschaft!

HEKUBA Du, Geometer, schweig!

KASSANDRA Helena naht! ...

HEKTOR Vater, ich verlange es von Euch! Verwehrt mir nicht diesen Ausweg. Man ruft uns zur Feier. Geht voran ... Ich folge.

PRIAMUS Wirklich, Paris? Du willigst ein?

PARIS Ich beschwöre Euch.

PRIAMUS Es sei! Meine Kinder ... gehen wir, bereiten wir uns vor, die Pforte des Krieges feierlich zu schließen.

KASSANDRA Arme Pforte! Man braucht mehr Öl, um sie zu schließen, als um sie zu öffnen.

(Priamus und sein Gefolge entfernen sich. Nur Demokos bleibt bei Hektor zurück.)

HEKTOR Worauf wartest du noch?

DEMOKOS Auf meinen Anfall!

HEKTOR Anfall?

DEMOKOS Jedesmal, wenn Helena erscheint, entflammt sich mein Geist! Ich phantasiere, ich tobe, und plötzlich improvisiere ich! Himmel, da ist sie! *(Er deklamiert.)*

Schöne Helena, Helena von Sparta!
Deren Busen sich rundet so zart!
Deren Antlitz so edel strahlt,
Bewahren uns die Götter, daß du entschwändest!
Und zu Menelaus wiederfändest!

HEKTOR Hör doch auf. Hämmere uns deine Reime nicht wie krumme Nägel in den Kopf.

DEMOKOS Oh! Es wird noch viel erstaunlicher. Du mußt es anhören.

Tritt, Helena, furchtlos hin vor Hektor,
Unsern Ruhm und Schrecken Skamanders.
Du hast immer recht, in deinem Sektor,
Du bist zärtlich und er leidet anders.

HEKTOR Fort mit dir!

DEMOKOS Warum blickst du mich so zornig an? Du scheinst die Dichtkunst ebenso zu hassen wie den Krieg?

HEKTOR Sie sind Schwestern ... Geh! *(Demokos ab.)*

KASSANDRA *(tritt ein, meldet)* Helena!

SIEBENTE SZENE

Helena, Paris, Hektor

PARIS Geliebte Helena! Das ist Hektor! Er hat einiges mit dir vor! Pläne ganz einfacher Art. Er will dich den Griechen zurückgeben und dir beweisen, daß du mich nicht liebst! ... Sag mir wahr und offen, bevor ich dich und ihn zurücklasse ... sag es mir, wie es ist.

HELENA Ich bete dich an, Liebster.

PARIS Sag mir, daß sie schön war, die Welle, die dich von Griechenland forttrug.

HELENA Wunderschön! Es war eine herrliche Welle! ... Wo hast du eine Welle gesehen? ... Das Meer war glatt ...

PARIS Sag mir, daß du Menelaus haßt! ...

HELENA Menelaus? Ich hasse ihn!

PARIS Weiter! ... Wiederhole: Ich werde niemals nach Griechenland zurückkehren!

HELENA Du wirst niemals nach Griechenland zurückkehren.

PARIS Aber nein! Es ist doch von dir die Rede.

HELENA Natürlich! Wie dumm von mir! ... Niemals werde ich nach Griechenland zurückkehren.

PARIS Sie hat es freiwillig gesagt! ... Und jetzt ist die Reihe an dir! *(Er geht ab.)*

Achte Szene

Helena, Hektor

Hektor Wie ist Griechenland? Schön?

Helena Paris hat es schön gefunden.

Hektor Ich frage, ob Griechenland schön ist ohne Helena?

Helena Danke für Helena.

Hektor Wie sieht es eigentlich dort aus, seitdem so viel davon die Rede ist?

Helena Es gibt sehr viele Könige, viele Ziegen und viel Marmor.

Hektor Wenn die Könige vergoldet sind und die Ziegen Angoraziegen, muß das bei Sonnenaufgang ein hübscher Anblick sein.

Helena Ich stehe spät auf.

Hektor Und Götter ... gibt es die auch in Mengen? Paris erzählt, daß der Himmel von ihnen bevölkert ist ... daß die Beine der Göttinnen herunterbaumeln.

Helena Paris stolziert immer mit der Nase in der Luft! Kann sein, daß er sie gesehen hat.

Hektor: Und Helena nicht?

Helena Ich bin nicht begabt. Ich konnte nie einen Fisch im Meer unterscheiden. Wenn ich wieder nach Griechenland zurückkehren werde, will ich besser achtgeben.

Hektor Eben haben Sie Paris gesagt, daß Sie nie mehr zurückkehren werden.

Helena Weil er mich gebeten hat, es zu sagen. Ich folge Paris für mein Leben gern.

Hektor Ich verstehe. Es ist wie mit Menelaus? Sie hassen ihn nicht?

Helena Warum sollte ich ihn hassen?

Hektor Aus dem einzigen Grund, der wirklich hassen lehrt. Sie haben ihn zu viel gesehen.

Helena Menelaus? Oh! Nein! Eigentlich habe ich Menelaus nie wirklich gesehen. Was man »Sehen« nennt. Im Gegenteil.

Hektor Ihren Gatten?

Helena Unter den Menschen und Dingen sind einige, die

farbig für mich sind. Diese sehe ich; an sie glaube ich. Menelaus habe ich nie recht wahrgenommen.

HEKTOR Er muß Ihnen aber doch sehr nahe gekommen sein?

HELENA Ich mag ihn berührt haben. Aber ich kann nicht behaupten, daß ich ihn gesehen habe.

HEKTOR Man sagt, daß er Sie keinen Augenblick allein ließ.

HELENA Gewiß. Wahrscheinlich habe ich ihn sehr oft übersehen.

HEKTOR Paris dagegen, der war für Sie sehr sichtbar?

HELENA Er zeichnete sich am Himmel und auf der Erde ab wie ausgeschnitten!

HEKTOR Tut er das noch? Sehen Sie dort drüben? Er lehnt an der Mauer.

HELENA Sind Sie sicher, daß es Paris ist?

HEKTOR Ja. Er wartet auf Sie.

HELENA Seltsam! Er ist viel weniger deutlich.

HEKTOR Und doch ist die Mauer eben erst frisch geweißt worden! Jetzt – sehen Sie ihn im Profil!

HELENA Es ist eigentümlich, wie viel weniger scharf die Menschen sich abheben, die auf einen warten, als diejenigen, auf die man wartet.

HEKTOR Sind Sie überzeugt, daß Paris Sie liebt?

HELENA Ich weiß über die Gefühle anderer Menschen nicht gerne Bescheid. Nichts, was einen mehr hemmt. Wie beim Spiel, wenn man in die Karten des Gegners sieht. Da verliert man immer.

HEKTOR Und Sie? Lieben Sie ihn?

HELENA Ich liebe es auch nicht, über meine eigenen Gefühle Bescheid zu wissen.

HEKTOR Aber – aber! ... Wenn Sie sich Paris hingeben und er in Ihren Armen einschlummert, wenn Sie noch ganz von Paris umfangen, von Paris beglückt sind, denken Sie da gar nicht ...

HELENA Meine Rolle ist dann ausgespielt. Ich lasse das Weltall für mich denken. Es versteht das besser als ich!

HEKTOR Und der Genuß ... der muß Sie doch an jemand fesseln? An die anderen oder an Sie selbst!

HELENA Ich weiß vor allem, daß es die anderen sind, die genießen ... Ein Umstand, der mich von beiden entfernt ...

HEKTOR Hat es, ehe Paris kam, viele »andere« gegeben?

HELENA Einige.

HEKTOR Und nach ihm – wird es auch andere geben? Falls sie sich vom Horizont scharf genug abheben, nicht wahr? Oder von der Mauer? Oder vom Leintuch? Ich habe also richtig geraten, Helena. Nicht Paris lieben Sie, Sie lieben die Männer!

HELENA Ich habe sie nicht ungern. Es ist angenehm, sich an ihnen zu reiben wie an großen Seifenstücken. Man steht wie im Seifenschaum ...

HEKTOR Kassandra! Kassandra!

NEUNTE SZENE

Dieselben, Kassandra

KASSANDRA Was ist los?

HEKTOR Ich muß wirklich lachen. Immer sind es die Wahrsagerinnen, die Fragen stellen.

KASSANDRA Was willst du?

HEKTOR Kassandra, heute abend verläßt uns Helena mit dem griechischen Abgesandten.

HELENA Ich? Was fällt Ihnen ein?

HEKTOR Sie haben mir soeben gesagt, daß Sie Paris nicht besonders lieben.

HELENA Sie legen meine Worte willkürlich aus. Übrigens: wie Sie wollen!

HEKTOR Ich zitiere Sie als Autor: daß Sie sich gern an Männern reiben wie an großen Seifenstücken.

HELENA Ja. Oder wie an Bimsstein, wenn Ihnen das besser gefällt. Also?

HEKTOR Also können Sie doch nicht einen Augenblick schwanken, ob Sie nach Griechenland zurückkehren wollen – was Ihnen gar nicht mißfällt – oder ob Sie der Anlaß einer so furchtbaren Katastrophe sein wollen, wie es der Krieg ist!

HELENA Hektor, Sie verstehen mich gar nicht. Ich zögere nicht vor einer Wahl! Aber allzu leicht wäre es zu sagen: ich tue dies oder jenes, damit dies oder jenes geschieht.

Sie haben es erraten, ich bin schwach. Das freut Sie sehr! Der Mann, der die Schwäche einer Frau entdeckt, ist wie ein Jäger, der am heißen Mittag eine Quelle entdeckt. Aber glauben Sie ja nicht, weil Sie die schwächste aller Frauen überreden, auch die Zukunft überredet zu haben. Man bestimmt nicht das Schicksal, indem man Kinder gängelt ...

HEKTOR Ich verstehe nichts von griechischen Spitzfindigkeiten – und Frivolitäten.

HELENA Es geht um ganz andere Dinge. Zumindest um Ungeheuer und Pyramiden.

HEKTOR Entscheiden Sie sich für Ihre Abreise? Ja oder nein?

HELENA Drängen Sie nicht ... Ich wähle die Ereignisse ebenso aus, wie ich Gegenstände oder Menschen auswähle. Ich wähle die, die keine Schatten für mich sind. Ich wähle die, die ich sehe.

HEKTOR Ich weiß. Sie haben es bereits gesagt! Nur Menschen und Dinge, die für Sie Farbe haben, sehen Sie wirklich. Und Sie sehen sich nicht in wenigen Tagen den Palast des Menelaus betreten?

HELENA Nein. Undeutlich.

HEKTOR Man könnte Ihren Gatten, zu Ehren Ihrer Rückkehr, sehr farbenfroh anziehen.

HELENA Der Purpur sämtlicher Muscheln würde nicht genügen, um Menelaus meinen Augen sichtbar zu machen.

HEKTOR Kassandra, du hast eine Konkurrentin erhalten. Auch Helena blickt in die Zukunft.

HELENA Ich vermag nicht die Zukunft zu deuten. Aber ich sehe in dieser Zukunft farbige Szenen. Und andere, die farblos sind. Bis heutigen Tags sind immer nur die farbigen Szenen wahr geworden.

HEKTOR Wir werden Sie den Griechen am hellen Mittag übergeben. Auf dem blendenden Strand zwischen der violetten See und der grellgelben Stadtmauer. Wir werden alle im goldenen Waffenschmuck erscheinen, mit rotem Rock, und zwischen meinem weißen Hengst und des Priamus schwarzer Stute werden meine Schwestern, in grüne Peplums gehüllt, Sie nackt dem griechischen Abgesandten übergeben, über dessen silbernem Helm ich den rosafarbenen Federbusch errate. Sie sehen das, nicht wahr?

HELENA O nein. Es ist alles ganz dunkel.

HEKTOR Sie wollen mich wohl zum besten halten?

HELENA Ich? Was fällt Ihnen ein! Warum? Gehen wir! Bereiten wir uns für meine Übergabe an die Griechen vor. Das Weitere wird sich finden.

HEKTOR Ahnen Sie nicht, daß Sie der Menschheit einen Schimpf antun, oder sind Sie so ahnungslos?

HELENA Was für einen Schimpf soll ich ihr antun?

HEKTOR Wissen Sie nicht, daß Ihr farbiges Bilderbuch die Welt verhöhnt? Während wir alle kämpfen müssen und uns opfern, um einer Stunde willen, die ganz uns gehört, blättern Sie seelenruhig in Ihren Farbenstichen, die von Ewigkeit her vorliegen! ... Was haben Sie? An welchem Blatt bleiben Ihre mit Blindheit geschlagenen Augen haften? Auf dem wahrscheinlich, das Sie selbst auf diesem Festungswall hier zeigt, wie Sie sich die Schlacht ansehen! Sehen Sie die Schlacht?

HELENA Ja.

HEKTOR Auch die Stadt, die zusammenstürzt oder brennt? Nicht wahr?

HELENA Ja. Feuerrot.

HEKTOR Und Paris? Sehen Sie den Leichnam von Paris, wie er geschleift wird? Hinter einem Wagen.

HELENA Ah! Glauben Sie, daß es Paris ist? Ich sehe wohl ein rosenfarbenes Bündel, das im Staube rollt. An seiner Hand blitzt ein Diamant. Gesichter erkenne ich oft kaum. Aber Schmuck – immer .. Ja! Es ist sein Ring.

HEKTOR Ausgezeichnet ... Ich wage nicht, Sie um Andromache und mich zu befragen ... Die Gruppe Andromache – Hektor? ... Die sehen Sie doch auch? Nicht wahr? Und wie sehen Sie sie? Glücklich, gealtert, leuchtend?

HELENA Ich mache keinen Versuch, diese Gruppe zu sehen.

HEKTOR Und die Gruppe Andromache, die über dem Leichnam Hektors weint. Glänzt es, dieses Bild?

HELENA Wissen Sie, ich kann etwas leuchten, sogar sehr hell leuchten sehen, ohne daß etwas geschieht. Niemand ist unfehlbar.

HEKTOR Es genügt. Ich verstehe ... Und zwischen der weinenden Mutter und dem hingestreckten Vater ist ein Sohn?

HELENA Ja ... Er zaust an den verwirrten Haaren des Vaters ... Er ist reizend.

HEKTOR Spiegeln sich diese Szenen in Ihren Augen? Kann man sie darin sehen?

HELENA Ich weiß nicht. Schauen Sie selbst.

HEKTOR Nichts! Nichts mehr! Nur die Asche der ungeheuren Feuersbrunst. Nur der Staub von Smaragden und von Gold. Wie rein ist das Auge der Welt! Und doch sind es nicht die Tränen, die es zu waschen bestimmt sind ... Würdest du weinen, Helena, wenn man dich umbrächte?

HELENA Ich weiß nicht. Aber ich würde schreien! Und ich fühle, daß ich schreien werde, Hektor, wenn Sie mich weiter so quälen ... Ich werde gleich schreien!

HEKTOR Helena, noch heute abend kehrst du nach Griechenland zurück. Oder ich töte dich!

HELENA Aber ich will ja gern fort! Ich bin bereit. Ich wiederhole nur, es ist mir unmöglich, von dem Schiff, das mich davontragen soll, das geringste zu sehen, weder die Beschläge des Fockmastes sehe ich glitzern noch den goldenen Nasenring des Kapitäns noch das Augenweiß des Schiffsjungen.

HEKTOR Laß es grau sein, das Meer, unter einer grauen Sonne, wenn du heimfährst. Aber wir wollen den Frieden!

HELENA Ich sehe den Frieden nicht.

HEKTOR Verlange von Kassandra, daß sie ihn dir zeigt. Sie versteht sich auf Zauberkünste. Sie beschwört Gestalten und Geister herauf.

EIN BOTE Hektor! Priamus ruft nach dir! Die Priester sind dagegen, daß man die Pforte des Krieges schließt. Sie sagen, daß die Götter darin eine Lästerung sehen würden.

HEKTOR Merkwürdig, wie in schwierigen Fällen die Götter davon absehen, sich zu äußern.

BOTE Sie haben sich geäußert. Der Blitz ist in den Tempel gefahren, und aus den Eingeweiden der Opfer ist zu erkennen, daß sie Helenas Rückgabe mißbilligen!

HEKTOR Ich würde viel dafür geben, könnte ich auch die

Eingeweide der Priester beschauen ... Ich folge dir. *(Der Bote geht ab.)* Sie sind also einverstanden, Helena?

HELENA Ja.

HEKTOR Von nun an werden Sie sagen, was ich sage, daß Sie sagen sollen? Und tun, was ich sage, daß Sie tun sollen?

HELENA Ja.

HEKTOR In Gegenwart von Ulysses werden Sie mir nicht widersprechen, sondern mir beipflichten?

HELENA Ja.

HEKTOR Hörst du sie, Kassandra! Hörst du diesen Block von Verneinungen, der »Ja« sagt? Alle haben sie mir nachgegeben, Paris hat mir nachgegeben, Priamus hat mir nachgegeben, Helena gibt mir nach. Und doch fühle ich aus einem jeden dieser scheinbaren Siege die Niederlage heraus. Man glaubt gegen Riesen zu kämpfen und glaubt schon, sie zu überwältigen, da zeigt sich, daß man mit etwas Unbeugsamem ringt, mit einem Reflex auf der Netzhaut einer Frau ... Magst du noch so oft »Ja« sagen, Helena, du bist der Gipfel des Eigensinns, der mich bergehoch narrt.

HELENA Möglich. Aber ich kann nichts dafür. Es ist nicht der meine.

HEKTOR Welcher Irrsinn ist schuld, daß die Welt just in dies dumpfe Hirn ihren Spiegel legte!

HELENA Sehr schade ... gewiß! Aber kennen Sie ein Mittel, über den Eigensinn der Spiegel Herr zu werden?

HEKTOR Ja. Darüber denke ich gerade nach.

HELENA Wenn man sie zerbricht ... bleibt vielleicht, was sie gespiegelt haben, darum weniger bestehen?

HEKTOR Das ist der Kern der Frage.

EIN ZWEITER BOTE Auf, Hektor! Der Strand ist in Aufruhr. Die Schiffe der Griechen sind in Sicht. Und sie haben ihre Flaggen nicht an der Oberbramstenge gehißt, sondern an der Vorbramstenge. Die Ehre unserer Flotte steht auf dem Spiel. Priamus befürchtet, daß der Abgesandte bei seiner Landung erschlagen wird.

HEKTOR Kassandra, ich vertraue dir Helena an! Du wirst meine Befehle erhalten. *(Ab.)*

Zehnte Szene

Helena, Kassandra

Kassandra Ich sehe nichts, weder in Farben noch in Grau. Aber jedes Wesen, allein dadurch, daß es sich mir naht, lastet auf mir. An der Bangigkeit, die meine Adern durchbebt, fühle ich sein Schicksal!

Helena Ich dagegen sehe in den farbigen Bildern, die mir vorschweben, manchmal eine Einzelheit, die besonders herausleuchtet. Ich habe es Hektor nicht gesagt. Aber der Hals seines Sohnes, dort, wo die Schlagader pulst, leuchtete auf ...

Kassandra Ich bin wie ein Blinder, der sich vorwärtstastet. Inmitten der Wahrheit stehe ich blind. Die anderen alle, sie sehen, und es ist die Lüge, die sie sehen. Ich taste die Wahrheit.

Helena Was wir voraushaben, ist, daß sich unsere Visionen mit unseren Erinnerungen vermischen, die Zukunft mit der Vergangenheit. Man wird weniger sensibel ... Ist es wahr, daß Sie zaubern? Daß Sie den Frieden heraufbeschwören können?

Kassandra Den Frieden? Nichts leichter als das. Als Bettler lauscht er hinter jeder Tür! ... Da ist er schon. *(Der Friede erscheint.)*

Helena Wie schön er ist!

Der Friede Zu Hilfe, Helena! Steh mir bei!

Helena Doch wie blaß er ist!

Der Friede Ich soll blaß sein? Wieso blaß? Siehst du denn nicht das Gold, das in meinen Haaren schimmert?

Helena Sieh da – graues Gold – eine Novität ...

Der Friede Graues Gold! Mein Gold soll grau sein? *(Er verschwindet.)*

Helena Jetzt ist er weg.

Kassandra Offenbar legt er rasch etwas Rot auf.

(Der Friede erscheint wieder, greulich aufgeschminkt.)

Der Friede Und jetzt?

Helena Ich sehe ihn immer undeutlicher.

Der Friede *(nimmt eine andere Stellung ein)* Und so?

Kassandra Auch so sieht Helena dich nicht.

DER FRIEDE Du aber siehst mich. Da du mit mir sprichst!

KASSANDRA Es ist meine Spezialität, mich mit den Unsichtbaren zu unterhalten.

DER FRIEDE Was ist los? Warum schreien die Menschen durch die Stadt und den Strand entlang?

KASSANDRA Es scheint, ihre Götter mischen sich drein und auch ihre Ehre.

DER FRIEDE Ihre Götter! Ihre Ehre!

KASSANDRA Jawohl . . . Du bist krank.

Vorhang

ZWEITER AKT

Ein abgeschlossener Platz des königlichen Palastes. Von weitem erblickt man das Meer. In der Mitte eine Art Monument. Es ist die kolossale Pforte des Krieges. Ihre Flügel stehen weit offen.

Erste Szene

Helena, der junge Troilus

Helena He! Du da drüben ... ja! Dich meine ich ... Komm her!

Troilus Nein.

Helena Wie heißt du?

Troilus Troilus!

Helena Komm her!

Troilus Nein.

Helena Komm her, Troilus! ... *(Troilus nähert sich ihr.)* Ah! Da bist du. Wenn man dich beim Namen ruft, kommst du doch! Du junger Windhund! ... Übrigens ist das nett. Du hast mich genötigt zu schreien, weißt du das? Es ist das erste Mal, daß mir das widerfährt, wenn ich mit einem Mann spreche. Sie kleben ja sonst förmlich an mir, so daß ich nur die Lippen zu bewegen brauche. Ich habe nach Möwen, Rehen, dem Echo gerufen ... aber nach einem Mann niemals! Das wirst du mir büßen ... Was hast du? Du zitterst?

Troilus Ich zittere nicht.

Helena Du zitterst, Troilus.

Troilus Ja. Ich zittere.

Helena Warum schleichst du immer hinter mir her? Wenn ich auf meinem Spaziergang die Sonne im Rücken habe und plötzlich stehen bleibe, stößt dein Schatten an meine Füße. Beinahe überragt er mich. Du bist ein frecher Kerl. Sag mir, was du willst ...

Troilus Ich will nichts.

Helena Sag mir, was du willst, Troilus!

Troilus Alles! Ich will alles!

HELENA Du willst alles? Den Mond?

TROILUS Alles! Mehr als alles!

HELENA Du sprichst schon wie ein richtiger Mann! Küssen willst du mich, gelt?

TROILUS Nein!

HELENA Du willst mich küssen, mein kleiner Troilus! Nicht wahr?

TROILUS Ich würde mich gleich darauf umbringen.

HELENA Komm näher ... Wie alt bist du?

TROILUS Fünfzehn Jahre ... Ach!

HELENA Bravo für dein Ach! – Hast du schon junge Mädchen geküßt?

TROILUS Ich hasse sie!

HELENA Du hast schon welche geküßt?

TROILUS Man küßt sie alle! Ich würde mein Leben darum geben, wenn ich noch keine geküßt hätte!

HELENA Du scheinst über eine große Anzahl von Leben zu verfügen! Warum hast du mir nicht einfach gesagt: Helena, ich möchte Sie küssen! ... Ich finde nichts dabei, daß du mich küßt! ... Küsse mich!

TROILUS Niemals!

HELENA Wenn sich der Tag zu Ende neigt, setze ich mich auf eine Zinne und genieße den Sonnenuntergang über den Inseln. Wärst du da ganz leise zu mir herangeschlichen, hättest meinen Kopf mit den Händen dir zugekehrt – eben noch golden, wäre er nun dunkel geworden, du hättest ihn freilich nicht mehr so deutlich gesehen – aber küssen hättest du mich immer noch können ... Es hätte mich sehr gefreut ... Schau, schau, hätte ich zu mir gesagt, das ist ja der kleine Troilus, der mich küßt! ... Küsse mich!

TROILUS Niemals!

HELENA Ich verstehe, nach diesem Kuß würdest du mich hassen!

TROILUS Ach, die Männer haben es so gut! Was sie wollen, das sagen sie auch.

HELENA Du sagst es selber gar nicht schlecht.

ZWEITE SZENE

Helena, Paris, der junge Troilus

PARIS Trau ihm nicht, Helena! Troilus ist ein gefährlicher Kunde.

HELENA Im Gegenteil, Er will mich küssen.

PARIS Troilus, du weißt, wenn du Helena küßt, bringe ich dich um!

HELENA Es ist ihm egal zu sterben. Sogar mehrere Male.

PARIS Was hat er nur? Da seht ihn! ... Er wird sich auf dich stürzen! ... Er ist wirklich zu nett! Umarme Helena, Troilus! Ich erlaube es dir.

HELENA Wenn du ihn dazu bringst, bist du schlauer als ich. *(Troilus, der sich bereits auf Helena stürzen wollte, weicht sofort zurück.)*

PARIS Höre, Troilus! Unsere ehrwürdigen Stadtväter nahen in corpore, um die Pforte des Krieges zu schließen ... Umarme Helena vor ihren Augen: Dein Name wird dann berühmt werden. Du möchtest doch später einmal berühmt werden?

TROILUS Nein. Unbekannt.

PARIS Was? Du willst nicht berühmt werden? Du möchtest nicht reich und mächtig sein?

TROILUS Nein. Arm und häßlich.

PARIS Laß mich ausreden! ... Um alle Frauen besitzen zu können?

TROILUS Ich will keine! Keine einzige!

PARIS Da kommen die Senatoren! Wähle! Entweder du küssest Helena vor ihnen oder ich küsse sie vor dir. Du willst lieber, daß i c h es tue? Schön. Schau her. *(Er küßt Helena.)* Oh, was für einen neuen, noch nicht dagewesenen Kuß gibst du mir da, Helena?

HELENA Den Kuß, der für Troilus bestimmt war.

PARIS Du weißt nicht, Knabe, was dir entging. Oh, du gehst? Gute Nacht.

HELENA Wir werden uns doch noch küssen, Troilus! Verlasse dich drauf. *(Troilus geht.)* Troilus!

PARIS *(etwas gereizt)* Warum schreist du denn so, Helena?

Dritte Szene

Helena, Demokos, Paris

Demokos Helena! Einen Augenblick! Und sieh mir gerade ins Gesicht. Ich halte einen wunderbaren Vogel in der Hand, den ich freilassen werde! – Bist du so weit? ... So ist's recht ... Jetzt richte dein Haar. Und lächle dein schönstes Lächeln.

Paris Ich sehe nicht ein, warum der Vogel leichter davonfliegen soll, wenn Helena ihr Haar aufbauscht und sie ihr Lächeln Nummer eins zum besten gibt.

Helena Schaden kann es mir ja keinesfalls.

Demokos Halte jetzt ganz still ... Eins! Zwei! Drei! So ... Fertig! Du kannst gehen ...

Helena Und der Vogel?

Demokos Es ist ein Vogel, der sich unsichtbar machen kann.

Helena Laß dir nächstens das Rezept von ihm geben. *(Sie geht ab.)*

Paris Was soll der Unsinn?

Demokos Ich dichte ein Lied auf das Gesicht Helenas. Und dafür mußte ich es wohl betrachten und es mir einprägen mitsamt dem Lächeln und den Locken. Es ist gelungen.

Vierte Szene

Demokos, Paris, Hekuba, die kleine Polyxena, Abneos, der Geometer, einige Greise

Hekuba Nun, werdet ihr sie schließen, diese Pforte?

Demokos Keineswegs! Wir hätten sie noch heute abend wieder aufzumachen.

Hekuba Hektor will es. Er wird Priamus bestimmen.

Demokos Das wollen wir sehen. Übrigens habe ich für Hektor eine Überraschung in Reserve.

Polyxena Wohin führt diese Pforte, Mama?

Abneos In den Krieg, mein Kind. Wenn sie offen steht. heißt das, daß Krieg ist.

Demokos Freunde ...

Hekuba Krieg hin, Krieg her. Euer Symbol ist Blödsinn.

Wie das unordentlich aussieht, diese Flügel, die immer weit offen stehen. Alle Hunde sammeln sich davor.

DER GEOMETER Es geht hier nicht um hausfrauliche Sorgen. Es geht um Krieg und um die Götter!

HEKUBA Das sage ich ja, die Götter können keine Türen zumachen.

POLYXENA Aber ich mache sie sehr schön zu. Nicht wahr, Mama?

PARIS *(küßt die Finger der kleinen Polyxena)* Du klemmst dir dabei sogar die Finger ein, Liebling.

DEMOKOS Paris, kann ich endlich um Gehör bitten? ... Abneos und du, Geometer, und ihr, Freunde ... wenn ich euch gerufen habe, ehe die Feier beginnt, so ist es, weil wir unsere erste Beratung abhalten müssen. Und es ist von guter Vorbedeutung, daß dieser erste Kriegsrat nicht von Generälen abgehalten wird, sondern von Intellektuellen. Denn um Krieg zu führen, genügt es nicht, unsere Soldaten mit Waffen zu versehen. Es ist unerläßlich, ihre Begeisterung aufs höchste zu steigern! Die Führer pflegen ihren Soldaten vor dem Angriff einen kräftigen Trunk zu verabreichen. Aber den Griechen gegenüber wird dieses Mittel versagen, wenn dieser Weinrausch nicht durch einen moralischen Rausch verstärkt wird. Und wir, die Dichter, wollen ihn den Kämpfern einflößen! Da uns das Alter vom Krieg fernhält, so wollen wir wenigstens helfen, ihn erbarmungslos zu führen! Ich merke, Abneos, daß du etwas zu sagen hast. Und ich erteile dir das Wort!

ABNEOS Ja! Wir brauchen ein Kriegslied!

DEMOKOS Sehr richtig. Ein Krieg fordert Kriegslieder!

PARIS Bis jetzt ist es auch so gegangen.

HEKUBA Der Krieg heult laut genug von allein ...

ABNEOS Wir haben darauf verzichtet, weil wir bis jetzt immer nur gegen Barbaren gekämpft haben. Es war eine Art Jagd. Da hat das Jagdhorn genügt. Aber gegen die Griechen führen wir Krieg auf einem viel höheren Plan.

DEMOKOS Sehr richtig, Abneos. Die Griechen kämpfen nicht mit aller Welt!

PARIS Wir haben doch schon eine Nationalhymne.

ABNEOS Ja. Aber die gilt für den Frieden.

PARIS Eine Friedenskantate genügt vollauf, wenn wildes Augenrollen und drohende Gebärden dazukommen. Da verwandelt sie sich von selbst in ein Kriegslied ... Wie lauten denn die Worte unserer Volkshymne?

ABNEOS Du weißt ja, daß es saft- und kraftlose Worte sind. — »Wir bringen die Ernte ein.« Und »Wir keltern das Blut der Reben«! ...

DEMOKOS Das ist höchstens ein Kriegslied gegen Zerealien. Die Spartaner werdet ihr nicht in Schrecken versetzen, indem ihr Drohlieder gegen den Buchweizen ausstoßt.

PARIS Singe sie, den Speer in der Hand und einen Leichnam zu deinen Füßen, und du wirst sehen ...

HEKUBA Zum Glück kommt das Wort »Blut« drin vor.

PARIS Und auch das Wort »Ernte«, das der Krieg recht gerne hört.

ABNEOS Wozu der Streit, da uns Demokos in zwei Stunden ein nagelneues Kriegslied liefern kann.

DEMOKOS Zwei Stunden? Das ist etwas kurz bemessen.

HEKUBA Nur keine Angst. Du brauchst nicht länger. Und auf das Lied folgt dann die Hymne und auf die Hymne die Kantate. Die Dichter sind nicht zu halten, sobald der Krieg erklärt ist! Der Reim ist noch immer die beste Trommel!

DEMOKOS Und die nützlichste, Hekuba. Du sprichst wie ein Buch. Ich kenne den Krieg. Solange er nicht da ist, solange seine Pforten geschlossen sind, ist jeder frei, ihm zu fluchen und alle Schande zu sagen. Er achtet nicht der Schmähungen in Friedenszeiten. Aber sowie er da ist, wird sein Stolz übermächtig. Man erfreut sich nur seiner Gunst, wenn man ihm huldigt, man gewinnt ihn nur, indem man ihm schön tut. Uns, den Rednern und Schriftstellern, obliegt es sodann, den Krieg zu loben, ihn zu feiern zu jeder Stunde des Tages, seinen monströsen Körper, wo immer er helle oder zweideutige Stellen aufweist, zu umschmeicheln. Sonst hat man ihn zum Feind. Seht euch die Offiziere an! Tapfer vor dem Feind, feige dem Krieg gegenüber. Es ist die Devise des echten Generals.

PARIS Und ist dir schon etwas eingefallen?

DEMOKOS Eine wunderbare Idee habe ich gehabt. Du wirst

sie am besten zu würdigen wissen ... Der Krieg muß es satt haben, immer als Medusenhaupt und mit den Lippen der Gorgonen dargestellt zu werden: Nun ist mir die Idee gekommen, sein Antlitz mit dem Antlitz Helenas zu vergleichen. Der Krieg wird entzückt sein von dieser Ähnlichkeit.

POLYXENA Mama, wem sieht er ähnlich, der Krieg?

HEKUBA Der Tante Helena.

POLYXENA Die ist aber hübsch!

DEMOKOS Die Debatte ist also geschlossen. Ich liefere das Kriegslied. Was hast du, Geometer? Warum bist du so aufgeregt?

DER GEOMETER Weil es Wichtigeres gibt als das Kriegslied! Viel Wichtigeres!

DEMOKOS Du meinst wohl die Kriegsmedaillen; die Falschmeldungen?

DER GEOMETER Nein. Die Schimpfworte!

DEMOKOS Die Schimpfworte?

DER GEOMETER Ehe sie sich die Speere zuschleudern, schleudern sich die Griechen Schimpfworte zu ... »Vetter einer Kröte!«, schreien sie, »Sohn eines Ochsen!« ... Kurz, sie schmähen einander. Und sie haben recht. Denn sie wissen, daß der Körper verwundbarer ist, wenn die Eigenliebe gereizt wird. Krieger, die für ihre Kaltblütigkeit berühmt sind, verlieren den Kopf, wenn man sie »Wanzenbrut« oder »Drüsenschleim« anschreit. Wir Trojaner aber leiden unter einem schrecklichen Mangel an Schimpfworten.

DEMOKOS Recht hat der Geometer. Wir sind wirklich die einzigen, die ihre Gegner nicht anpöbeln, bevor sie ihnen den Garaus machen ...

PARIS Findest du nicht, es genügt, daß sich die Zivilisten beschimpfen, Geometer?

DER GEOMETER Die Armeen sollten den Haß der Zivilisten teilen. Aber du kennst sie. In dieser Hinsicht sind sie enttäuschend. Sich selbst überlassen, ergehen sie sich in gegenseitiger Hochschätzung. Zwischen den feindlichen Reihen waltet dann bald genug die einzige wahre Brüderlichkeit in der Welt. Auf den Schlachtfeldern herrscht gegenseitige Achtung. Und der Haß staut sich dafür in den Schulen, den Salons und bei den Krämern. Wenn unsere Soldaten im Kampf der Schimpfworte nicht wenigstens Gleiches leisten, so werden sie bald jede Freude am Schimpfen und Verleumden verlieren und infolgedessen unfehlbar auch am Krieg.

DEMOKOS Der Antrag ist angenommen! Noch heute abend werden wir einen Wettbewerb ausschreiben.

PARIS Ich glaube, sie sind Manns genug, um sich ohne uns zu behelfen.

DEMOKOS Welch ein Irrtum! Wärst du fähig, du, der du für geschickt giltst, die entsprechenden Zurufe ohne Anweisung herauszufinden?

PARIS Ganz gewiß.

DEMOKOS Du machst dir Illusionen. Stelle dich vor Abneos hin.

PARIS Warum gerade Abneos?

DEMOKOS Weil er für Spott und Stachelreden ein besonders geeignetes Objekt ist, mit seinem Schmerbauch und seinen Plattfüßen!

ABNEOS Das verbitte ich mir, du Galgenvogel!

PARIS Nein! Abneos regt meine Phantasie nicht an! Aber du, wenn du willst.

DEMOKOS Ich! Bravo! Jetzt wirst du einmal hören, was es heißt, Schimpfworte improvisieren! Zähle zehn Schritte ab . . . so . . . Beginne . . .

HEKUBA Schau ihn dir gut an. Das wird dich inspirieren.

PARIS Alter Schmarotzer! Du Dichter mit den schmutzigen Füßen du!

DEMOKOS Augenblick! . . . Setze lieber vor jedes Schimpfwort den Namen des Betreffenden, um Verwechslungen zu vermeiden . . .

PARIS Du hast recht! . . . Demokos! Kalbsauge! Schuppentier!

DEMOKOS Grammatikalisch ist das alles korrekt. Aber recht naiv . . . Schuppentier! Weshalb soll ich deshalb in eine so sinnlos schäumende Wut geraten, daß ich dich umbringen m u ß ! . . . Nein, »Schuppentier« ist vollkommen wirkungslos.

HEKUBA Aber er hat dich auch »Kalbsauge« genannt.

DEMOKOS Kalbsauge ist etwas besser! ... Aber ... du siehst, wie du dich blamierst, Paris. Suche doch etwas, was mich außer Rand und Band bringen könnte! Was sind meine Fehler, deiner Ansicht nach?

PARIS Du bist feig, dein Atem ist übelriechend und du hast keine Spur von Talent.

DEMOKOS Soll ich dir eine herunterhauen?

PARIS Das sag ich doch alles nur dir zu Gefallen.

POLYXENA Mama, warum zankt man den Onkel Demokos aus?

HEKUBA Weil er ein Gimpel ist!

DEMOKOS Hekuba! Du wagst es ...

HEKUBA Ich sage, daß du ein Gimpel bist. Wenn die Gimpel die Blödheit, die Aufgeblasenheit, die Häßlichkeit und den Gestank der Aasgeier besäßen, dann wärest du ein Gimpel!

DEMOKOS Paris, deine Mutter ist dir weit über! Nimm dir ein Beispiel an ihr. Laß sie pro Tag und pro Soldat eine Stunde lang Schimpfwörter exerzieren, und wir werden den Griechen bald über sein. Was die Kriegshymne anlangt, wäre es vielleicht ratsam, sie damit zu betrauen.

HEKUBA Meinetwegen. Aber ich würde keinesfalls sagen, daß der Krieg Helena ähnlich sieht.

DEMOKOS Wem sieht er ähnlich nach deinem Dafürhalten?

HEKUBA Das sage ich dir, wenn die Pforte geschlossen ist.

FÜNFTE SZENE

Dieselben, Priamus, Hektor, Busiris, später Andromache, dann Helena

Während die Pforte geschlossen wird, nimmt Andromache die kleine Polyxena beiseite. Sie flüstert ihr einen Auftrag oder ein Geheimnis zu.

HEKTOR Sie wird geschlossen.

DEMOKOS Noch einen Augenblick, Hektor!

HEKTOR Warum? Ist die Zeremonie nicht bereit?

HEKUBA Ja! Die Angeln der Pforte schwimmen in Olivenöl!

HEKTOR Nun also?

PRIAMUS Hektor, unsere Freunde meinen, auch der Krieg sei bereit. Überlege es dir wohl. Sie haben recht. Wenn du diese Pforte schließt, wird man sie vielleicht in einer Minute wieder öffnen müssen.

HEKUBA Eine Minute Frieden ist nicht zu verachten.

HEKTOR Vater! Du mußt doch wissen, was für Männer, die seit Monaten kämpfen, das Wort »Friede« bedeutet. Es ist, als ob Ertrinkende oder in Schlamm Versinkende endlich wieder festen Boden unter sich fühlten. Und wenn es auch nur ein Quentchen Friedenserde ist. laß uns den Frieden streifen, eine Minute lang, laß uns Fuß darauf fassen, wäre es nur mit der Zehe!

PRIAMUS Hektor, bedenke wohl: Heute das Wort »Friede« in die Stadt zu schleudern, ist eine ebenso große Untat, wie ihre Brunnen zu vergiften. Du wirst das Leder und das Eisen schlapp machen. Du wirst mit dem Wort »Frieden« Erinnerungen, Freundschaften, Hoffnungen wie Kleingeld in Umlauf setzen. Die Soldaten werden nicht mehr zu halten sein. Das Brot des Friedens werden sie kaufen, den Wein des Friedens trinken, im Zeichen des Friedens ihre Frauen umarmen. Und eine Stunde später wirst du sie in den Krieg schicken.

HEKTOR Es kommt nicht zum Krieg.

(Von Seite des Hafens wütendes Geschrei.)

DEMOKOS Wirklich nicht? Höre!

HEKTOR Schließen wir die Pforte. Hier werden wir binnen kurzem die Griechen empfangen. Die Unterredung wird ohnedies schwierig genug sein. Es schickt sich, sie wenigstens im Frieden zu empfangen.

PRIAMUS Mein Sohn, wissen wir denn überhaupt, ob wir den Griechen gestatten dürfen, zu landen?

HEKTOR Sie werden landen. Die Unterredung mit Ulysses ist unsere letzte Friedenschance.

DEMOKOS Sie werden nicht landen. Unsere Ehre steht auf dem Spiele. Wir wären das Gespött der Welt . . .

HEKTOR Und du nimmst es auf dich, dem Senat eine Maßnahme vorzuschlagen, die den Krieg bedeutet?

DEMOKOS Auf mich? Fehlgegriffen. Tritt vor, Busiris. Deine Sendung hebt an.

HEKTOR Wer ist dieser Fremde?

DEMOKOS Dieser Fremde ist der größte heute lebende Sachverständige für Fragen des Völkerrechts. Ein glücklicher Zufall fügt es, daß er heute auf der Durchreise in Troja ist. Kein parteiischer Zeuge also. Er ist ein Neutraler. Unser Senat schließt sich seinem Urteil an, das morgen alle Völker teilen werden.

HEKTOR Und was für ein Urteil ist das?

BUSIRIS Mein Urteil, Fürsten, nach Aufnahme des Lokalaugenscheins und anschließender Zeugeneinvernahme lautet: die Griechen haben sich den Trojanern gegenüber eines dreifachen Verstoßes gegen die Vorschriften des Völkerrechts schuldig gemacht. Ihnen die Landung zu gestatten, hieße den Rechtstitel des Beleidigten aufgeben, der Ihnen in dem Konflikt die Sympathien der ganzen Welt garantiert.

HEKTOR Erkläre dich näher.

BUSIRIS Zum ersten haben sie ihre Flagge an der Vorbramstenge und nicht an der Oberbramstenge gehißt. Ein Kriegsschiff, Fürsten und liebe Kollegen, hißt seinen Wimpel an der Vorbramstenge nur als Erwiderung auf den Gruß eines Rindertransportschiffes. Angesichts einer Stadt und ihrer Bevölkerung ist es also die Beleidigung an sich. Übrigens gibt es einen Präzedenzfall. Im vorigen Jahre haben die Griechen bei der Einfahrt in den Hafen von Ophea ihre Flagge an der Vorbramstenge gehißt. Die Entgegnung war schlagend. Ophea hat den Krieg erklärt.

HEKTOR Und was ist geschehen?

BUSIRIS Ophea wurde besiegt. Es gibt kein Ophea und keine Opheer mehr.

HEKUBA Ausgezeichnet.

BUSIRIS Die Vernichtung eines Volkes beeinträchtigt in keiner Weise seine internationale moralische Position.

HEKTOR Weiter.

BUSIRIS Zum zweiten hat die griechische Flotte bei der Einfahrt in eure Gewässer die sogenannte Frontalformation eingenommen. Auf unserem letzten Kongreß wurde beantragt, diese Formation in den Paragraphen der sogenannten Defensiv-Offensiv-Maßnahmen aufzunehmen. Es ist mir gelungen durchzusetzen, daß man ihr den wahren Rang einer Offensiv-Defensiv-Maßnahme zuerkannte, so ist sie dann rundweg eine verschleierte Form der Seefront, die selbst wieder eine verschleierte Form der Blokkade ist, das heißt, sie stellt einen Verstoß erster Ordnung dar. Auch hier haben wir einen Präzedenzfall. Vor fünf Jahren haben die griechischen Schiffe die Frontalformation angenommen, als sie vor Magnesia ankerten. Magnesia hat in der gleichen Stunde den Krieg erklärt.

HEKTOR Hat es den Krieg gewonnen?

BUSIRIS Es hat ihn verloren. Von seinen Mauern steht kein Stein mehr. Mein Paragraph aber besteht.

HEKUBA Ich gratuliere. Es bangte uns schon.

HEKTOR Zum Ende.

BUSIRIS Der dritte Verstoß ist weniger belastend. Einer der griechischen Dreiruderer ist ohne Erlaubnis und heimtückischerweise gelandet. Sein Kommandant Ajax, der gewalttätigste und liederlichste der Griechen, kommt unter Skandal und Provokation gegen die Stadt herauf und schreit, daß er Paris töten will. Vom völkerrechtlichen Standpunkt aus dürfte dieser Verstoß übersehen werden. Denn es ist ein Verstoß, der nicht in den vorgeschriebenen Formen begangen wurde.

DEMOKOS Nun bist du im Bilde. Es gibt zwei Auswege: die Beleidigung einstecken oder sie zurückgeben. Wähle!

HEKTOR Onea, laufe Ajax entgegen. Sorge dafür, daß er hierherkommt.

PARIS Ich erwarte ihn.

HEKTOR Du wirst so gut sein, im Palast zu bleiben, bis ich dich rufe. Was dich angeht, Busiris, wisse: Unsere Stadt versteht sich mitnichten zu der Ansicht, daß sie von den Griechen beleidigt wurde.

BUSIRIS Das überrascht mich nicht. Ihr makelloser Stolz ist ja legendär.

HEKTOR Du wirst also, und zwar sofort, ein Gutachten abgeben, welches unseren Senat zu der Erklärung ermächtigt, daß von seiten unserer Besucher kein Verstoß geschehen ist, sondern daß wir makellose Hermeline sie mit allen Ehren als unsere Gäste empfangen können.

DEMOKOS Was sind das für Witze?

BUSIRIS Dies entspricht nicht den Tatsachen, Hektor.

HEKTOR Mein lieber Busiris, wir wissen hier alle, daß die Rechtslehre die stärkste Schule der Phantasie ist. Nie hat ein Dichter die Natur so frei ausgelegt wie ein Jurist die Wirklichkeit.

BUSIRIS Der Senat hat ein Gutachten von mir verlangt, ich habe es gegeben.

HEKTOR Und ich, ich verlange von dir eine Auslegung. Das ist noch juristischer.

BUSIRIS Sie geht gegen mein Gewissen.

HEKTOR Dein Gewissen hat Ophea untergehen sehen, hat Magnesia untergehen sehen, und es sieht jetzt leichten Herzens dem Untergang Trojas entgegen?

HEKUBA Ja. Er ist aus Syrakus.

HEKTOR Ich flehe dich an, Busiris. Es geht um das Leben zweier Völker. Hilf uns.

BUSIRIS Ich kann euch nur eine Hilfe bieten, die Wahrheit.

HEKTOR Das ist es ja. Finde eine Wahrheit, die uns rettet. Wenn das Recht den Unschuldigen nicht zum Harnisch dient, wozu dient es denn? Schmiede uns eine Wahrheit. Übrigens ist die Sache sehr einfach; wenn du diese Wahrheit nicht findest, behalten wir dich hier, so lange der Krieg dauert.

BUSIRIS Wie?

DEMOKOS Du mißbrauchst deine Stellung, Hektor.

HEKUBA Im Kriege wird das Recht eingesperrt. Da wird man doch auch noch einen Juristen einsperren dürfen.

HEKTOR Laß es dir gesagt sein, Busiris. Meine Drohungen oder meine Versprechungen habe ich noch immer gehalten. Entweder werden diese Wachen dich auf Jahre ins Gefängnis abführen oder du reist noch heute abend ab, die Taschen voll Gold. Nun weißt du Bescheid, unterziehe die Frage aufs neue deiner überaus unparteiischen Expertise.

BUSIRIS Es gibt allerdings Rechtsmittel.

HEKTOR Ich hab's ja gewußt.

BUSIRIS Was den ersten Verstoß betrifft, könnte man nicht zum Beispiel in gewissen Meeren, die von fruchtbaren Gebieten eingefaßt sind, die Begrüßung des Rindertransportschiffes als Ehrenbezeigung der Seemacht vor der Landwirtschaft deuten?

HEKTOR Das ist in der Tat logisch. Es wäre, mit einem Wort, der Gruß des Meeres an die Erde.

BUSIRIS Wobei noch zu berücksichtigen ist, daß eine Ladung von Rindern auch eine Ladung von Stieren sein kann. In diesem Falle würde die Ehrenbezeigung sogar an Schmeichelei grenzen.

HEKTOR Du hast mich verstanden. Wir sind so weit.

BUSIRIS Die Frontalformation dagegen läßt sich ebensowohl als Entgegenkommen wie als Herausforderung auslegen. Frauen, die Kinder haben wollen, präsentieren sich von vorne und nicht von der Seite.

HEKTOR Ein entscheidendes Argument.

BUSIRIS Um so mehr, als die griechischen Schiffe riesige Nymphen als Galionsfiguren tragen. Man kann sagen: die Tatsache, daß den Trojanern nicht Schiffe als Einheiten der Seefahrt, sondern Nymphen als Symbole der Fruchtbarkeit entgegenkamen, ist das gerade Gegenteil einer Beleidigung. Eine Frau, die euch nackt, mit offenen Armen entgegenzieht, ist nicht eine Drohung, sondern ein Angebot. Ein Angebot zu unterhandeln jedenfalls . . .

HEKTOR Und so ist denn unsere Ehre intakt, Demokos. Man verkünde in der Stadt das Gutachten des Busiris, und du, Minos, lauf zum Hafenkommandanten mit dem Auftrag, Ulysses unverzüglich an Land zu bringen.

DEMOKOS Es ist unmöglich, mit den alten Frontkämpfern über Ehrenfragen zu sprechen. Wirklich, sie mißbrauchen die Tatsache, daß man sie nicht gut Feiglinge nennen kann.

DER GEOMETER Halte jedenfalls die Totenrede, Hektor. Das wird dich auf Gedanken bringen . . .

HEKTOR Es wird keine Totenrede geben.

PRIAMUS Es ist aber der Brauch. Jeder siegreiche General muß die Totenklage auf die Gefallenen halten, wenn sich die Pforte schließt.

HEKTOR Die Rede auf die Gefallenen des Krieges ist ein heuchlerisches Plädoyer zugunsten der Lebenden, man will dadurch einen Freispruch erwirken. Das sind Advokatenkniffe. Ich selbst bin meiner Unschuld nicht so sicher ...

DEMOKOS Die Heeresleitung ist nicht verantwortlich.

HEKTOR Ach! Alle sind es. Auch die Götter! Übrigens habe ich meine Rede an die Toten bereits gehalten. Ehe sie ihren letzten Seufzer taten, als sie ein wenig seitwärts an den Olivenbäumen des Schlachtfeldes lehnten und noch eines letzten Blickes fähig waren, ein letztes Wort noch vernehmen konnten. Ich will euch wiederholen, was ich zu ihnen gesagt habe: – zu dem Mann, dem die Eingeweide hervorquollen und die Augen schon übergingen, sagte ich: »Na, mein Lieber ... es geht ja so übel nicht. Nicht wahr?« ... – Und zu dem anderen, dem sie den Schädel entzweigespalten hatten: »Was du aber komisch aussiehst mit deiner zerschlagenen Nase!« Meinem kleinen Reitknecht, dessen linker Arm herabhing und der ausgeblutet war: »Du kannst von Glück reden, daß es nur der linke Arm ist ...« Und ich freue mich, daß ich einem jeden einen letzten Trunk aus dem Born des Lebens reichte. Mehr begehrten sie ja nicht, sie starben, indem sie diesen letzten Tropfen schlürften. Und dieser Rede werde ich kein Wort mehr hinzufügen. Schließet die Pforte.

POLYXENA Ist der kleine Reitknecht auch gestorben?

HEKTOR Ja, Herzchen, er ist tot. Er hatte die rechte Hand aufgehoben. Jemand, der mir unsichtbar blieb, faßte ihn an seiner heilen Hand. Und er ist gestorben.

DEMOKOS Unser General scheint Worte, an Sterbende gerichtet, und Leichenreden zu verwechseln.

PRIAMUS Versteife dich nicht, Hektor.

HEKTOR Schön; gut; ich will zu ihnen sprechen! *(Er tritt vor die Pforte.)* – Oh, ihr, die ihr uns nicht hört, die ihr uns nicht seht, vernehmt diese Worte; seht auf diesen feierlichen Zug. Wir sind die Sieger. Das ist euch gleichgültig, nicht wahr? Auch ihr seid Sieger ... Doch wir sind die lebenden Sieger. Hier setzt der Unterschied ein und für mich ein Gefühl der Schmach. Ich weiß nicht, ob in den

Reihen der Toten die siegreichen Toten Kokarden tragen. Die Lebenden, ob sie nun Sieger sind oder nicht, tragen sie alle, die wahre, die doppelte Kokarde! In Gestalt ihrer Augen. Wir haben zwei Augen, wir anderen. Wir, meine armen Freunde, wir sehen die Sonne. Wir tun alles, was man bei Sonnenlicht tun kann. Wir essen, wir trinken ... Und beim Mondlicht! ... da schlafen wir mit unseren Frauen ... Und mit den euren auch ...

DEMOKOS Beschimpfst du gar die Toten?

HEKTOR Wirklich? Tu ich das?

DEMOKOS Entweder die Toten oder die Lebenden.

HEKTOR Das ist ein Unterschied.

PRIAMUS Schließe deine Rede! Die Griechen landen! ...

HEKTOR Ich komme zu Ende. Oh, ihr, die ihr nichts mehr fühlt, die ihr nichts faßt, atmet diesen Weihrauch ein, faßt diese Opfergaben! Als ein Feldherr, der die Wahrheit spricht, sage ich euch, daß ich nicht die gleiche Liebe, nicht die gleiche Achtung für euch alle empfinde. Seid ihr auch tot, so teilt ihr euch doch in Mutige und Feige, genau wie wir, die Überlebenden. Und ich werde nicht einer Feier zuliebe die Toten, die ich bewundere, mit den Toten, die ich nicht bewundere, vermengen. Aber was ich euch heute zu sagen habe, ist: daß der Krieg mir das törichteste und das heuchlerischeste Rezept zu sein scheint, die Menschen gleichzustellen, und daß ich den Tod weder als Strafe oder Sühne für den Feigling noch als Belohnung für die Lebenden gelten lasse. Wer ihr auch seid – Entschwundene, Wesenlose, Vergessene, ohne Tun, ohne Ruhe, ohne Sein – ich verstehe nur zu gut, daß man beim Schließen dieser Pforte die Deserteure des Todes, die Überlebenden, vor euch entschuldigen und bis ins Innerste sowohl als einen Raub wie als ein Privilegium den Besitz der beiden Güter empfinden muß, die da heißen: Wärme und Himmelslicht, deren Echo, wie ich hoffe, niemals zu euch dringt.

POLYXENA Mama, die Pforte geht zu!

HEKUBA Ja, Liebling.

POLYXENA Es sind die Toten, die sie schieben.

HEKUBA Sie helfen ein wenig nach!

POLYXENA Auf dem rechten Flügel helfen sie am meisten.

HEKTOR Ist es so weit? Ist sie geschlossen?

DIE WACHE Wie ein feuerfester Schrank ...

HEKTOR Friede! Vater! Es ist Friede!

HEKUBA Der Friede ist da!

POLYXENA Man fühlt sich gleich viel wohler. Nicht wahr, Mama?

HEKTOR Ja? Wirklich, Liebling?

POLYXENA Doch, ich fühle mich viel wohler.

(Die Militärmusik der Griechen setzt laut ein.)

EIN BOTE Priamus! Die Griechen sind gelandet.

DEMOKOS Was für eine abscheuliche Musik ist denn das? Eine höchst antitrojanische Musik ist das! Auf! Empfangen wir sie nach Gebühr.

HEKTOR Königlich müßt ihr sie empfangen! Und achtet wohl, daß ihnen nichts widerfährt. Ihr haftet mir dafür.

DER GEOMETER Jedenfalls wollen wir ihnen gleich trojanische Musik zu hören geben. Hektor wird uns doch wenigstens auf musikalischem Gebiet einige Entrüstung gestatten.

DIE MENGE Die Griechen! Die Griechen!

EIN BOTE Ulysses steht auf der Brücke, Priamus. Wohin sollen wir ihn führen?

PRIAMUS Hierher. Melde uns seine Ankunft im Palast ... Folge mir auch du, Paris. Es ist besser. Du hast dich vorläufig nicht zu zeigen.

HEKTOR Gehen wir, Vater. Wir müssen unsere Begrüßungsrede an die Griechen vorbereiten.

DEMOKOS Bereite sie ein wenig besser vor als die Totenrede, du wirst auf mehr Widerspruch stoßen. *(Priamus und seine Söhne gehen ab.)* Wie, Hekuba, du gehst auch? Du gehst, ohne uns gesagt zu haben, wem der Krieg ähnlich sieht?

HEKUBA Du willst es wissen?

DEMOKOS Sag es! Wenn du wirklich weißt, wem er gleicht!

HEKUBA Einem Affenarsch. Was man sieht, wenn die Äffin sich auf den Baum schwingt und uns ihr rotes, schuppiges, schillerndes Hinterteil zeigt, von schmutzigen Haaren umgeben – genau das ist der Krieg. Es ist sein Gesicht! *(Sie geht ab.)*

DEMOKOS So hat er deren zwei – mit dem Helenas. *(Er geht ab.)*

ANDROMACHE *(zu Polyxena)* Da kommt sie. Weißt du noch, was du ihr sagen sollst?

POLYXENA Ja ...

ANDROMACHE So geh! *(Sie geht ab.)*

SECHSTE SZENE

Helena, die kleine Polyxena

HELENA Du willst mich sprechen, Kleine.

POLYXENA Ja, Tante Helena.

HELENA Es muß etwas Wichtiges sein! Du stehst ganz steif da. Ich wette, du fühlst dich auch ganz steif?

POLYXENA Ja, Tante Helena.

HELENA Ist es etwas, was du mir nicht sagen kannst ... ohne dich steif zu halten?

POLYXENA Nein, Tante Helena.

HELENA Dann sag es schnell. Ich mag dich nicht so unerträglich steif vor mir sehen!

POLYXENA Tante Helena! ... wenn du uns lieb hast ... geh fort!

HELENA Warum sollte ich fortgehen, Herzchen?

POLYXENA Wegen der Kriegsgefahr!

HELENA Ja weißt du denn schon, was Krieg ist?

POLYXENA Nicht ganz genau. Ich glaube, man stirbt dabei.

HELENA Und der Tod? Weißt du auch, was das ist?

POLYXENA Auch nicht ganz genau. Ich glaube, man spürt dann nichts mehr.

HELENA Komm, sag mir, was dir Andromache eigentlich aufgetragen hat, von mir zu verlangen?

POLYXENA Fortzugehen, wenn du uns lieb hast!

HELENA Das scheint mir nicht sehr logisch. Wenn du jemanden gern hast, willst du ihn da verlassen?

POLYXENA O nein! Nie! Nie!

HELENA Was wäre dir lieber: Hekuba zu verlassen oder nichts mehr zu spüren?

POLYXENA Oh! Nichts mehr spüren! Am liebsten möchte ich bleiben und nichts mehr spüren ...

HELENA Siehst du, was du da zusammenredest! Um von euch zu gehen, müßte ich euch nicht lieben. Möchtest du lieber, daß ich euch nicht liebe?

POLYXENA O nein! Ich will, daß du uns liebst!

HELENA Geh! Geh! Du weißt nicht, was du sagst.

POLYXENA Nein ...

DIE STIMME HEKUBAS Polyxena!

SIEBENTE SZENE

Dieselben, Hekuba, Andromache

HEKUBA Bist du taub, Polyxena? Warum machst du die Augen vor mir zu? Du willst wohl »Statue« spielen? Komm mit mir.

HELENA Sie möchte lernen, nichts zu spüren! Aber da fehlt's an Talent.

HEKUBA Polyxena! Hörst du mich? Siehst du mich?

POLYXENA O ja! Ich höre dich! Ich sehe dich!

HEKUBA Warum weinst du? Es ist doch nur gut, wenn du mich hörst und siehst!

POLYXENA Ja! ... Weil du fortgehen wirst! ...

HEKUBA Helena, du wirst gefälligst Polyxena in Ruhe lassen. Sie ist zu empfindsam, um das Unempfindliche zu spüren. Und wäre es auch durch dein schönes Kleid und durch deine schöne Stimme hindurch.

HELENA Sehr richtig. Und Andromache soll mir künftig selbst bestellen, was sie von mir möchte. Umarme mich, Polyxena, ich reise heute abend ab, weil dir daran liegt.

POLYXENA Geh nicht. Geh nicht.

HELENA Bravo! Jetzt bist du gar nicht mehr steif ...

HEKUBA Kommst du, Andromache?

ANDROMACHE Nein! Ich bleibe.

(Hekuba mit der kleinen Polyxena ab.)

Achte Szene

Helena, Andromache

Helena Also – eine Aussprache?

Andromache Ich glaube, daß sie notwendig ist.

Helena Hörst du, wie die Männer allesamt schreien und streiten! Hörst du auch, wie die Fanfaren sich dreinmischen? Genügt das nicht? Müssen sich auch die Schwägerinnen aussprechen? Und worüber, da ich gehe?

Andromache Helena! Ob du gehst oder bleibst. Darum handelt es sich nicht mehr.

Helena Sag das Hektor. Du wirst ihm einen angenehmen Tag bereiten.

Andromache Ja. Hektor klammert sich an die Hoffnung deiner Abreise. Er ist wie alle Männer. Ein Hase genügt, um sie von dem Dickicht abzulenken, in welchem sich der Panther versteckt. Das Wild der Menschen läßt sich auf diese Weise jagen, nicht das der Götter!

Helena Wenn du herausgefunden hast, was die Götter in dieser ganzen Geschichte wollen, dann gratuliere ich!

Andromache Ich weiß nicht, ob die Götter etwas wollen. Aber das Weltall will etwas. Seit heute morgen scheint mir alles danach zu schreien, es zu verlangen, es zu fordern; die Menschen, die Tiere, die Pflanzen. Selbst das Kind in mir ...

Helena Was fordern sie denn?

Andromache Daß du Paris lieben sollst.

Helena Wenn du weißt, daß ich Paris nicht liebe, dann weißt du mehr als ich.

Andromache Du liebst ihn nicht! Vielleicht könntest du ihn lieben lernen. Aber augenblicklich waltet ein Mißverständnis zwischen euch.

Helena Es herrscht gute Laune, Vergnügen und Eintracht zwischen uns. Ich sehe nicht recht, wo da das Mißverständnis sein kann.

Andromache Du liebst ihn nicht. Man verträgt sich nicht in der Liebe. Das Leben von Eheleuten, die sich lieben, ist ein ewiges Ausgleiten um des Ausgleiches willen. Die Mitgift eines echten Ehepaares ist dieselbe wie die eines

Talmiehepaares: die Urzwietracht. Hektor ist in allem das Gegenteil vor mir. Was mir gefällt, mißfällt ihm. Wir verbringen unsere Tage damit, entweder einer den anderen zu besiegen oder uns einer dem anderen aufzuopfern. Verliebte Eheleute sehen nicht blühend aus.

HELENA Du glaubst also, daß Menelaus entzückt und die Griechen begeistert wären, wenn ich mit bleifarbenem Teint, verglasten Augen und feuchten Händen zu Paris ginge?

ANDROMACHE Was die Griechen denken, wäre dann vollkommen unwichtig.

HELENA Und es käme nicht zum Krieg?

ANDROMACHE Möglich, daß er wirklich vermieden würde. Wenn ihr euch liebtet, würde die Liebe vielleicht Werte ihresgleichen, die Großmut, die Klugheit und die entsprechenden Kräfte zu Hilfe rufen. Niemand, nicht einmal das Schicksal, wagt sich leichten Herzens an die Leidenschaft ... Und selbst wenn es zum Krieg käme ...

HELENA Es wäre dann gewiß nicht mehr derselbe Krieg?

ANDROMACHE O nein, Helena! Du fühlst selbst, was diesem Ringen zugrunde läge. Denn das Schicksal geht um eines gewöhnlichen Kampfes willen nicht so behutsam vor. Es will die Zukunft auf ihn gründen, die unserer Rassen, unserer Völker, unserer Denkungsart. Und es will, daß unsere Idee und unsere Zukunft das Erlebnis eines Mannes und einer Frau, die sich liebten, zum Ausgangspunkte haben. Nichts Geringes wär's. Aber es erkennt nicht, daß ihr beide weiter nichts seid als ein »offizielles Paar« ... Zu denken, daß wir leiden, sterben sollen, eines solchen Paares wegen, daß die Herrlichkeit oder das Unglück, die Denkungsart, der Charakter kommender Zeiten auf einem Zufallsabenteuer zweier Menschen beruhen wird, die sich nicht geliebt haben ... dies ist das Entsetzliche!

HELENA Wenn alle Welt glaubt, daß wir uns lieben ... kommt es auf dasselbe heraus.

ANDROMACHE Niemand glaubt es. Aber niemand wird eingestehen, daß er es nicht glaubt. Beim Nahen des Krieges sondert sich ein neuartiger Schweiß von allen lebenden Wesen ab; alle Ereignisse überziehen sich mit einem neuen Lack: es ist die Lüge. Alle lügen. Unsere Greise beten keineswegs die Schönheit an. Sie beten sich selbst, sie beten das Häßliche an. Auch die Empörung der Griechen ist eine Lüge. Weiß Gott, es ist ihnen alles eins, was du mit Paris anstellst. Und die griechischen Schiffe, die bewimpelt unter den Klängen ihrer Volkshymne einfahren ... sie sind eine Lüge des Meeres. Meines Sohnes Leben aber, Hektors Leben sollen von dieser Heuchelei, diesen Trugbildern abhängen. Es ist entsetzlich!

HELENA Was willst du von mir?

ANDROMACHE Ich beschwöre dich, Helena, ich halte dich fest – als ob ich dich beschwörte, mich zu lieben! Du mußt Paris lieben! Ich will aus deinem Mund hören, daß ich mich täusche, daß du dich töten würdest, wenn er sterben sollte! Daß du um den Preis seines Lebens dein Gesicht entstellen ließest! ... Dann, Helena, wird der Krieg nurmehr eine Geißel sein, aber keine Ungerechtigkeit. Und ich werde suchen, ihn zu ertragen.

HELENA Liebe Andromache! Das ist alles nicht so einfach. Ich verbringe, offen gestanden, meine Nächte nicht damit. über das Los der Menschen nachzudenken. Doch schien mir immer, daß sie sich in zwei Arten teilen. In solche, die – sagen wir – Fleisch und Blut des menschlichen Lebens ausmachen. Und in solche, die die Ordnung des Lebens sind und seine Gangart. Die ersteren haben das Lachen, die Tränen und was der Absonderungen mehr sind. Die anderen haben die Gebärde, die Haltung, den Blick. Wollte man beide zu einer einzigen Art verschmelzen, so käme nichts Rechtes dabei heraus. Die Menschheit ist ihren Stars ebensoviel Dank schuldig wie ihren Märtyrern.

ANDROMACHE Helena!

HELENA Übrigens bist du recht anspruchsvoll! ... Ich finde an meiner Liebe nicht so viel auszusetzen. *Mir* gefällt sie. Natürlich hänge ich nicht an Paris mit allen Fibern. Es geht mir nicht an die Nieren, wenn mich Paris, um Kegel zu spielen oder um Aale zu fischen, im Stiche läßt. Aber ich bin von ihm abhängig, er zieht mich magnetisch an. Der Magnetismus ist auch Liebe, so gut wie die Promiskuität. Er ist älter und ergiebiger als jene Liebe, bei der man mit verweinten Augen herumgeht und nicht voneinander lassen kann. Ich fühle mich in meiner Liebe so heimisch wie ein Stern in seiner Bahn, in ihr kreise ich, in ihr erstrahle ich, es ist meine Art, zu atmen und zu umarmen. Man kann sich die Söhne gut vorstellen, die aus einer solchen Liebe hervorgingen, große, helläugige Wesen mit klaren Umrissen, schön gegliederten Händen, kurzer Nase. Was soll aus einer Liebe wie der meinigen werden, wenn sich Eifersucht, Zärtlichkeit, seelische Erschütterung einmischten? Die Welt hat ohnedies so schlechte Nerven: Sieh dich an!

ANDROMACHE Lasse Mitleid in sie einfließen. Es ist die einzige Hilfe, deren die Welt bedarf.

HELENA Das ist es. Das mußte kommen. Das Wort ist gefallen.

ANDROMACHE Was für ein Wort? . . .

HELENA Das Wort Mitleid! Da bin ich nicht zuständig. Für Mitleid habe ich nicht viel übrig.

ANDROMACHE Weil du das Unglück nicht kennst!

HELENA Ich kenne es. Und die unglücklichen Menschen auch. Wir vertragen uns sehr gut. Als kleines Kind verbrachte ich meine Tage in den Hütten, die den Palast umgaben, mit den Fischertöchtern. Ich nahm Vögel aus den Nestern und zog sie auf. Ich stamme von einem Vogel ab, daher wohl diese Liebhaberei. Alles Elend des menschlichen Leibes, wenn es nur irgendeinen Zusammenhang mit den Vögeln hat, ist mir vertraut: der Leib des Vaters, den die Flut ans Ufer spült, starr, mit einem Kopf, der immer größer anschwillt und erzittert, denn die Möwen sind im Begriff, ihm die Augen auszupicken. Und der Leib der betrunkenen Mutter, die unserer zahmen Amsel die Federn rupft; und der der Schwester, die mit einem Matrosen im Gebüsch erwischt wird, gerade unter dem Nest der aufgescheuchten Grasmücke. Und meine Freundin mit dem Distelfink war verwachsen. Und meine Freundin mit dem Dompfaff war lungenkrank. Und trotz der Flügel, die ich der Menschheit andichtete, habe ich sie immer gesehen, wie sie wirklich ist: kriechend, sch nutzig, elend. Aber niemals ist mir eingefallen, Mitleid mit ihr zu haben.

ANDROMACHE Weil du sie nur der Verachtung wert hältst.

HELENA Wer weiß. Der Grund ist vielleicht, daß ich diese Unglücklichen als meinesgleichen empfinde. Daß ich sie gelten lasse. Und daß meine Gesundheit, meine Schönheit und mein Ruhm mir nicht viel höher dünken als ihre Jämmerlichkeit. Es ist vielleicht Brüderlichkeit!

ANDROMACHE Du frevelst, Helena!

HELENA Die Leute haben Mitleid mit andern nur in dem Maß, wie sie Mitleid mit sich selbst hätten. Unglück oder Häßlichkeit sind Spiegel, die sie nicht vertragen. Ich aber habe mit mir nicht das geringste Mitleid. Du wirst es sehen, falls es Krieg geben sollte. Ich vertrage Hunger und Schmerz, ohne zu klagen. Besser als ihr. Und die Schmähungen. Glaubst du, ich höre nicht, was mir die Trojanerinnen zurufen, wenn ich vorübergehe? Sie sehen eine Hure in mir! Und behaupten, daß ich des Morgens trübe Augen habe. Richtig oder falsch, wie ist es mir so gleich! So gleich!

ANDROMACHE Halt ein, Helena!

HELENA Glaubst du, mein farbiges Bilderbuch, wie Hektor es nennt, zeigt mir nicht manches Mal eine Helena, die alt, aus dem Leim geraten, zahnlos in ihrer Küche hockt und verzuckerte Früchte nascht! ... Oh! Wie kalkweiß meine Schminke erglänzen kann! Wie blutrot die Johannisbeere! ... Und wie farbig, wie sicher und gewiß ist das alles! ... Es ist mir völlig gleichgültig!

ANDROMACHE Ich bin verloren! ...

HELENA Warum? Wenn dir ein vollkommenes Liebespaar genügt, um den Krieg gelten zu lassen, so bleibt ja das Paar Andromache-Hektor!

NEUNTE SZENE

Helena, Andromache, Ajax, dann Hektor

AJAX Wo ist er? Wo versteckt er sich? Der Feigling! Ein echter Trojaner!

HEKTOR Wen sucht Ihr?

AJAX Ich suche Paris ...

HEKTOR Ich bin sein Bruder.

AJAX Schöne Familie! Ich bin Ajax! Und Ihr?

HEKTOR Man nennt mich Hektor.

AJAX Ich nenne dich Schwager einer Hure!

HEKTOR Ich sehe, daß uns Griechenland Unterhändler geschickt hat. Was wollt Ihr?

AJAX Den Krieg!

HEKTOR Nichts zu machen. Warum wollt ihr ihn?

AJAX Paris hat Helena entführt.

HEKTOR Sie war einverstanden, soviel ich hörte.

AJAX Eine Griechin tut, was ihr beliebt. Sie braucht euch nicht um Erlaubnis zu fragen. Das ist ein Kriegsfall.

HEKTOR Wir könnten uns bei euch entschuldigen.

AJAX Trojaner entschuldigen sich nicht. Wir ziehen nicht ohne eure Kriegserklärung von hier ab.

HEKTOR Erklärt ihn selber.

AJAX Jawohl, das werden wir tun. Noch heute abend.

HEKTOR Ihr lügt! Ihr werdet den Krieg nicht erklären. Weil keine der Inseln des Archipels euch Gefolgschaft leisten wird, wenn wir nicht die Angreifer sind ... Und wir greifen nicht an.

AJAX Wie? Du wirst ihn nicht erklären, und zwar in eigener Person, wenn ich dir erkläre, daß du ein Feigling bist?

HEKTOR Diese Art Erklärung nehme ich ruhig an.

AJAX Niemals bin ich einem solchen Mangel an militärischem Komment begegnet! ... Und wenn ich dir sage, was ganz Griechenland von Troja hält: daß Troja im Laster ersäuft? Die Dummheit selber ist? ...

HEKTOR Troja ist der Eigensinn selber. Der Krieg wird euch nicht bewilligt.

AJAX Und wenn ich Troja anspucke?

HEKTOR Spuck nur zu!

AJAX Und wenn ich dich schlage – dich, Trojas Fürsten?

HEKTOR Schlag zu!

AJAX Wenn ich dir, dem Symbol seines Eigendünkels, seiner falschen Ehre, ins Gesicht schlage?

HEKTOR Schlag zu! ...

AJAX *(ohrfeigt ihn)* Da! ... Wenn die Gnädige ... deine Frau ist, kann die Gnädige stolz sein.
HEKTOR *(der unbewegt geblieben ist)* Ich kenne sie ... Sie ist stolz.

ZEHNTE SZENE

Dieselben, Demokos

DEMOKOS Was geht hier vor? Was will dieser Trunkenbold, Hektor?
HEKTOR Er will nichts mehr: er hat, was er wollte.
DEMOKOS Andromache, was ist geschehen?
ANDROMACHE Nichts.
AJAX Zweimal nichts! Ein Grieche gibt Hektor eine Ohrfeige. Und Hektor steckt sie ein.
DEMOKOS Ist es wahr, Hektor?
HEKTOR Rein erfunden. Nicht wahr, Helena?
HELENA Die Griechen verstehen sich sehr gut aufs Lügen. Die griechischen Männer, heißt das.
AJAX Hat er immer eine Wange röter als die andere?
HEKTOR Ja. Diese Wange ist die gesündere!
DEMOKOS Hektor! Sage die Wahrheit. Hat er gewagt, die Hand gegen dich zu erheben?
HEKTOR Das ist meine Sache!
DEMOKOS Es ist Kriegssache. Du bist für uns das Standbild Trojas.
HEKTOR Ebendeshalb: Standbilder ohrfeigt man nicht.
DEMOKOS *(zu Ajax)* Wer bist du – du Vieh! Ich bin Demokos, der zweite Sohn des Achichaos!
AJAX Zweiter Sohn des Achichaos? Sehr angenehm! Sag mir: ist es ebenso gravierend, den zweiten Sohn des Achichaos zu ohrfeigen, wie Hektor zu ohrfeigen?
DEMOKOS Genauso! Du Trunkenbold! Ich bin Präsident des Senates. Wenn du den Krieg willst, Krieg bis zum äußersten, dann komm nur her.
AJAX Gut! ... Ich probier's. *(Er ohrfeigt Demokos.)*
DEMOKOS Trojaner! Soldaten! Zu Hilfe!
HEKTOR Schweig, Demokos!

DEMOKOS Zu den Waffen! Man greift Trojas Ehre an! Rache!

HEKTOR Du sollst still sein, hab ich dir gesagt.

DEMOKOS Schreien werde ich! ... die Stadt in Aufruhr bringen!

HEKTOR Schweig ... Oder ich ohrfeige dich!

DEMOKOS Priamus! Anchises! Herbei! Kommt Trojas Schande sehen. Hektors Gesicht trägt ihr Merkmal.

HEKTOR Idiot!

(Hektor ohrfeigt Demokos. Ajax bricht in grölendes Lachen aus.)

ELFTE SZENE

Priamus und die Senatoren stellen sich gegenüber der Kulisse auf, von der aus Ulysses später auf die Bühne treten wird.

PRIAMUS Demokos! Was soll dies Geschrei?

DEMOKOS Man hat mich geohrfeigt.

AJAX Geh, beschwere dich bei Achichaos!

PRIAMUS Wer hat dich geohrfeigt?

DEMOKOS Hektor! Ajax! Hektor! Ajax!

PARIS Was faselt er? Er ist verrückt!

HEKTOR Niemand hat ihn geohrfeigt. Nicht wahr, Helena?

HELENA Ich habe doch achtgegeben. Aber ich habe nichts gesehen.

AJAX Es ist kein Unterschied in der Farbe seiner Wangen.

PARIS Dichter sind oft ganz grundlos aufgeregt. Sie nennen das: in Trance geraten. Gleich wird unsere Volkshymne daraus entstehen.

DEMOKOS Das sollst du mir büßen, Hektor.

STIMMEN AUS DEM VOLK Ulysses! ... Ulysses naht! ...

(Ajax geht herzlich auf Hektor zu.)

AJAX Bravo! Sehr flott, edler Gegner! Schöne Ohrfeige! ...

HEKTOR So gut ich es konnte.

AJAX Auch die Methode ausgezeichnet. Steifer Ellenbogen, das Handgelenk schräg gestellt. Beste Stütze für die erhobene Hand. Diese Ohrfeige muß bedeutend stärker sein als meine.

HEKTOR Das bezweifle ich.

AJAX Dein Speerwurf muß fabelhaft weit tragen?

HEKTOR Siebzig Meter weit!

AJAX Respekt! Mein lieber Hektor, entschuldige mich. Ich ziehe meine Drohungen zurück. Ich ziehe meine Ohrfeige zurück. Wir haben gemeinsame Feinde: es sind die Söhne des Achichaos. Und ich schlage mich nicht gegen die, welche mit mir die Söhne des Achichaos zu Feinden haben. Sprechen wir nicht mehr vom Krieg. Ich weiß nicht, was Ulysses im Schilde führt. Aber verlaß dich auf mich, ich lege die Sache bei ... *(Er geht ab, Ulysses entgegen, mit dem er dann wiederkehrt.)*

ANDROMACHE Ich liebe dich, Hektor!

HEKTOR *(auf seine Wange weisend)* Ja. Aber küsse mich noch nicht gleich, willst du?

ANDROMACHE Auch diese Schlacht hast du gewonnen. Alles wird gut werden.

HEKTOR Ich gewinne jede Schlacht. Aber bei jedem Sieg geht der Einsatz flöten.

ZWÖLFTE SZENE

Dieselben, Hekuba, Trojaner, Trojanerinnen, der Marsgast, Olpides, Ulysses, Ajax und ihr Gefolge, Iris.

ULYSSES Ich grüße wohl Priamus und Hektor?

PRIAMUS Wir sind es. Und hinter uns liegt Troja – Trojas Vorstädte, Trojas Ländereien und der Hellespont und dann Phrygien wie eine geschlossene Faust. – Ihr seid Ulysses?

ULYSSES Ich bin es.

PRIAMUS Das hier ist Anchises. Und hinter ihm ist Thrazien, Pontus und Tauris, gleich einer geöffneten Hand!

ULYSSES Reichlich viel Zuhörer für einen diplomatischen Gedankenaustausch.

PRIAMUS Und hier ist Helena!

ULYSSES Guten Tag, Königin!

HELENA Ich habe mich hier verjüngt, Ulysses. Ich bin nur mehr Prinzessin.

PRIAMUS Wir sind bereit, euch anzuhören.

AJAX Ulysses, rede du mit Paris. Ich will mit Hektor sprechen.

ULYSSES Priamus, wir sind hier, um Helena zurückzuholen.

AJAX Du verstehst, Hektor, nicht wahr? Dergleichen geht nicht so ohne weiteres an.

ULYSSES Griechenland und Menelaus schreien nach Rache. Nicht wahr, Hektor?

AJAX Wenn betrogene Ehemänner nicht nach Rache schreien würden, was bliebe ihnen denn? Er hat recht. Nicht wahr, Hektor?

ULYSSES Helena muß uns zur Stunde zurückgegeben werden. Oder es ist Krieg.

AJAX Wenn wir sagen: »Zur Stunde«, Hektor, so ist das nicht wörtlich gemeint. In zwei, in drei Stunden! Man muß doch Abschied nehmen.

HEKTOR Ist das alles?

ULYSSES Alles!

AJAX Du siehst, Hektor, wir fassen uns kurz!

HEKTOR Wenn wir euch also Helena zurückgeben, sichert ihr uns den Frieden zu?

AJAX Und Ruhe.

HEKTOR Wenn sie sich unverzüglich einschifft, ist der Konflikt aus der Welt geschafft?

AJAX Erledigt!

HEKTOR Ich glaube, wir werden uns einigen können. Nicht wahr, Helena?

HELENA Ja. Ich glaube es.

ULYSSES Wie? Soll das heißen, daß uns Helena zurückgegeben wird?

HEKTOR Gewiß. Sie ist bereit.

AJAX Sie wird jedenfalls bei der Rückkehr mehr Gepäck haben als bei der Abreise.

HEKTOR Wir geben sie euch zurück. Und ihr garantiert den Frieden. Keine Repressalien mehr! Kein Rachezug!

AJAX Eine Frau verloren – eine Frau wiedergefunden!

Und noch dazu dieselbe. Ausgezeichnet! Was meinst du, Ulysses?

ULYSSES Ich muß bitten. Ich garantiere nichts! Um auf alle Repressalien zu verzichten, müßte jeder Grund zu Repressalien wegfallen. Das heißt: Menelaus müßte Helena in dem gleichen Zustand zurückerhalten, in welchem sie sich befand, als sie entführt wurde.

HEKTOR Und wie will er das feststellen?

ULYSSES Ein Gatte, der im Mittelpunkt eines Weltskandals steht, ist scharfsinnig. Die Frage ist: ob Paris Helena verführt hat? Und die Frage muß bejaht werden.

DAS VOLK Freilich muß sie bejaht werden.

EINE STIMME Nicht, was man sonst »verführen« nennt!

HEKTOR Und wenn es der Fall wäre?

ULYSSES Wo willst du hinaus, Hektor?

HEKTOR Paris hat Helena nicht berührt. Beide haben es mir anvertraut.

ULYSSES Was ist das für eine Geschichte?

HEKTOR Eine wahre Geschichte. Nicht wahr, Helena?

HELENA Was wäre so Merkwürdiges daran?

EINE STIMME Entsetzlich! Wir sind entehrt.

HEKTOR Warum lächelt Ulysses? Ist an Helena etwas wahrzunehmen, was ihre Untreue verrät?

ULYSSES Ich suche nicht. Das Wasser läßt an einer Ente mehr Spuren zurück als die Besitznahme an einer Frau!

PARIS Du sprichst von einer Königin.

ULYSSES Königinnen ausgenommen, natürlich! . . . Paris, Ihr habt also diese Königin entführt und nackt entführt. Ihr selber, nehme ich an, badet auch nicht gepanzert und bewaffnet. Und bei all dem solltet Ihr Helena nicht begehrt haben?

PARIS Eine nackte Königin ist mit ihrer Würde bekleidet.

HELENA Sie braucht sie nur nicht abzulegen.

ULYSSES Wie lange hat die Reise gedauert? Ich habe mit meinen Schiffen drei Tage gebraucht, und sie sind schneller als die euren.

EINE STIMME Was sind das für unerträgliche Beschimpfungen der trojanischen Marine?

EINE ANDERE STIMME Nicht eure Schiffe sind schneller! Höchstens eure Winde an eurer Küste geschwinder!

ULYSSES Sagen wir: drei Tage, wenn ihr wollt! Wo hielt sich während dieser drei Tage die Königin auf?

PARIS Sie lag an Deck ausgestreckt.

ULYSSES Und Paris? Der hat wohl im Mastkorb gesessen?

HELENA Er lag ausgestreckt an meiner Seite.

ULYSSES Er las an Ihrer Seite vermutlich. Oder fischte er?

HELENA Ab und zu fächelte er mich.

ULYSSES Ohne Euch je zu berühren? . . .

HELENA Am zweiten Tag hat er mir die Hand geküßt.

ULYSSES Die Hand! . . . Aha. Die Bestie, die sich regt.

HELENA Ich hielt es für würdiger, es nicht zu bemerken.

ULYSSES Hat euch das Schlingern des Schiffes nicht einander nähergebracht? . . . Daß Schiffe schlingern, wird man ja noch sagen dürfen, ohne die trojanische Marine zu beleidigen . . .

EINE STIMME Unsere Schiffe schlingern weniger, als die griechischen stampfen.

AJAX Was? Wenn es aussieht, als ob sie zu tief ins Wasser gingen, dann nur, weil das Heck so hoch steht!

EINE STIMME Ja! Natürlich. Das Gesicht arrogant und der Hintern servil. Echt griechisch . . .

ULYSSES Und die drei Nächte? Über euch schimmerten und schwanden dreimal die Sterne, Helena, ist Ihnen nichts mehr von diesen drei Nächten gewärtig?

HELENA Doch, doch. Beinahe hätte ich vergessen. Eine viel genauere Kenntnis der Sternbilder.

ULYSSES Vielleicht hat er Euch, während Ihr schlieft . . . besessen?

HELENA Mich weckt eine Mücke auf . . .

HEKTOR Beschwört dies beide auf eure Göttin Aphrodite!

ULYSSES Das verlange ich nicht! Aphrodite kenne ich! Ihr Lieblingsschwur ist der Meineid . . . Eine seltsame Geschichte ist das aber! Sie wird im ganzen Archipel die Vorstellung zunichte machen, die man von den Trojanern besaß.

PARIS Und was dachte man im Archipel von den Trojanern?

ULYSSES Daß sie für den Handel weniger begabt sind als wir; aber daß sie schön und unwiderstehlich sind. Nun aber weiter, Paris. Diese Geständnisse sind interessante Beiträge zur Physiologie. Was hat Euch veranlaßt, so respektvoll mit Helena umzugehen? Da Ihr sie doch wehrlos vor Euch hattet? ...

PARIS Ich ... ich liebte sie.

HELENA Ulysses, wenn Ihr nicht wißt, was Liebe ist, dann laßt lieber ab von solchem Thema.

ULYSSES Gestehen Sie aber, Helena, daß Sie nicht mit Paris durchgegangen wären, wenn Sie gewußt hätten, daß die Trojaner impotent sind ...

EINE STIMME Oh, der Schande!

EINE ANDERE STIMME Knebelt ihn!

EINE STIMME Bring deine Frau her! Und du wirst ja sehen.

EINE ANDERE STIMME Und deine Großmutter!

ULYSSES Ich habe mich nicht richtig ausgedrückt: Paris, der schöne Paris, war impotent ...

EINE STIMME Paris, läßt du dir das gefallen? Willst du uns zum Gespött der Welt machen?

PARIS Hektor! Du siehst, wie unangenehm meine Lage ist!

HEKTOR Nur noch eine Minute Geduld ... Lebt wohl, Helena! Möge Eure Tugend ebenso sprichwörtlich werden, wie Eure Leichtfertigkeit es hätte werden können ...

HELENA Ich mache mir keine Sorge. Die Jahrhunderte lassen uns immer Gerechtigkeit widerfahren.

ULYSSES Paris der Impotente! Ein hübscher Spitzname! ... Daraufhin dürfen Sie ihn umarmen, Helena.

PARIS Hektor!

MARSGAST Werdet Ihr diese Komödie noch lange dulden, Kommandant?

HEKTOR Schweig! Ich bin es, der hier befiehlt!

MARSGAST Ihr befehlt schlecht. Wir, die Seeleute des Paris, dulden dies nicht länger. Ich will erzählen, wie er es mit eurer Königin trieb! ...

STIMMEN Bravo! Erzähle!

MARSGAST Paris opfert sich auf Befehl seines Bruders. Ich war Deckoffizier. Ich habe alles gesehen.

HEKTOR Du hast nicht richtig gesehen!

MARSGAST Als ob ein trojanischer Seemann kurzsichtig sein könnte! Ich sehe einer Möwe auf dreißig Schritte an, ob sie einäugig ist. Olpides, komm her zu mir! – Er hat nämlich im Mastkorb gesessen. Er hat alles von oben gesehen. Ich aber habe auf der Stiege gestanden, die in den Schiffsraum führt. Mein Kopf reichte gerade bis zum Deck ... Soll ich reden, Trojaner?

HEKTOR Du schweigst.

STIMMEN Nein, sprechen! Er soll sprechen!

MARSGAST Sie waren kaum zwei Minuten an Bord, nicht wahr ... Olpides?

OLPIDES Gerade nur lang genug, um die Königin abzutrocknen und ihr den Scheitel zu ziehen. Ihr könnt euch vorstellen, wie gut ich von oben den Scheitel der Königin gesehen habe. Von der Stirne bis zum Nacken!

MARSGAST Und er hat alle in den Schiffsraum hinuntergeschickt. Uns zwei ausgenommen, die er nicht gesehen hatte ...

OLPIDES Das Schiff trieb nordwärts. Es war windstill. Die Segel hingen schlaff herab ...

MARSGAST Und von meinem Versteck aus, von wo ich gerade nur die Form eines einzigen Körpers hätte sehen sollen, sah ich deren zwei. Zwei Scheiben Brot übereinander. Die eine von Roggen, die andere von Weizen ... Brote, die im Ofen buken und aufgingen: ein richtiges Backen war's.

OLPIDES Und ich von oben herab habe oft nur einen einzigen Körper gesehen statt zwei. Bald weiß, wie der Marsgast sagt, bald goldbraun. Mit vier Armen und vier Beinen ...

MARSGAST So viel für die Impotenz! Was nun die andere Liebe betrifft – die moralische, die Herzensliebe, sag, was du oben in deinem Korb gehört hast! Die Worte der Frauen steigen, die der Männer gehen in die Breite. Ich werde sagen, was Paris sagte ...

OLPIDES Sie hat ihn ihre Papageiin, ihre Kätzin genannt.

MARSGAST Er sie seinen Puma, seinen Jaguar. Sie invertierten die Geschlechter. Das ist Zärtlichkeit. Bekannte Sache.

OLPIDES »Du bist meine Buche«, sagte sie auch. »Ich umfasse dich wie eine Buche« ... Je nun, auf einer Seefahrt denkt man gern an Bäume.

MARSGAST »Und du meine weiße Birke ... meine Zitterbirke«, sagte er. Ich habe mir das Wort genau gemerkt. Es ist ein russischer Baum.

OLPIDES Die ganze Nacht mußte ich im Mastkorb sitzen. Da bekommt man einen gehörigen Hunger und Durst. Und das andere.

MARSGAST Und als sie sich nicht mehr umschlungen hielten, fuhren sie sich mit der Zunge über das Gesicht, weil sie sich salzig fanden.

OLPIDES Und als sie sich erhoben, um endlich schlafen zu gehen, da schwankten sie ...

MARSGAST Und so wäre es deiner Penelope ergangen, mit diesem Impotenten!

STIMMEN Bravo! Bravo!

EINE FRAUENSTIMME Heil Paris!

EIN WITZBOLD Geben wir Paris, was des Paris ist.

HEKTOR Sie lügen! Nicht wahr, Helena?

ULYSSES Helena hört ihnen mit Wohlgefallen zu.

HELENA Weil ich ganz vergessen habe, daß sie von mir sprechen. Diese Leute sind von ihrem Thema durchdrungen.

ULYSSES Nun, Paris, wirst du am Ende gar behaupten, daß sie lügen?

PARIS In den Einzelheiten haben sie manches übertrieben.

MARSGAST Weder im großen noch im kleinen, nicht wahr, Olpides? Sie bestreiten die Kosenamen, Kommandant? Sie bestreiten das Wort »Puma«?

PARIS Nicht ausdrücklich das Wort »Puma«.

MARSGAST Das Wort »Birke« dann? Ich sehe. Es ist das Wort »Zitterbirke«, an dem Sie Anstoß nehmen. Gesagt haben Sie's aber. Ich schwöre, daß Sie es gesagt haben. Und übrigens ist nichts Beschämendes an dem Wort Birke. Genug wehende Birken habe ich gesehen, um die Winterzeit, dem Kaspischen Meer entlang, und auf dem Schnee. Mit ihren Reifen aus schwarzer Rinde, die getrennt schienen durch die Leere, daß man sich fragte, woran die Äste sich hielten. Und auch im Hochsommer, in der Stromenge von Astrachan habe ich welche gesehen mit ihren weißen Reifen, wie die der eßbaren Pilze, hart am Wasser, aber ebenso hoch sich haltend, wie die Weide herunterhängt. Und wenn einer von den dicken Raben, schwarz oder grau, drauf hockt, zittert der ganze Baum, zittert, als ob er bräche, und ich warf ihm Steine zu, bis er davonflog, und alle Blätter sprachen dann zu mir und machten mir Zeichen. Und sie also zittern zu sehen, nach oben golden und silbern nach innen, ei, da wird einem so zärtlich ums Herz. Schier, daß ich da geweint hätte, nicht wahr, Olpides? Und so ist die Birke!

DIE MENGE Bravo! Bravo!

EIN ANDERER MATROSE Nicht nur Olpides und der Marsgast haben die beiden gesehen, Priamus. Vom letzten Schiffsjungen bis zum Ersten Offizier sind wir alle durch die Luken gekrochen, und alle, an den Rumpf des Schiffes geklammert, schauten wir über die Reling. Das ganze Schiff war ein einziges Auge.

EIN DRITTER MATROSE Um die Liebesszene anzuschauen.

ULYSSES So steht es, Hektor!

HEKTOR Schweigt! Alle!

MARSGAST *(erblickt Iris)* Sag der da oben, daß sie schweigen soll.

DAS VOLK Iris! Iris!

PARIS Schickt dich Aphrodite?

IRIS *(erscheint)* Ja, Aphrodite gibt euch durch mich kund, daß die Liebe die Welt regiert. Daß alles, was um die Liebe kreist, ob es auch Lüge ist, Geiz oder Wollust, geheiligt ist; daß sie jeden Liebenden unter ihren Schutz nimmt, vom König bis zum Hirten, und auch den Kuppler. Ich sage ausdrücklich: Kuppler! Wenn einer von ihnen hier unter euch weilt, sei er gegrüßt! Und Aphrodite verbietet euch beiden, dir, Hektor, und dir, Ulysses, Paris von Helena zu trennen. Widrigenfalls es Krieg gibt.

PARIS UND DIE GREISE Danke, Iris!

HEKTOR Und von Pallas keine Botschaft?

IRIS Ja, Pallas trägt mir auf, euch zu sagen, daß die Vernunft regiert. Jeder Verliebte, läßt sie euch sagen, ist unvernünftig. Sie verlangt, ihr sollt sagen, ob es etwas Dümmeres gibt als den Hahn auf der Henne oder die Fliege auf der Fliege. Mehr will sie nicht darüber sagen. Und sie befiehlt dir, Hektor, und dir, Ulysses, Helena von diesem geschniegelten Paris zu trennen. Widrigenfalls es Krieg geben wird . . .

HEKTOR UND DIE FRAUEN Danke, Iris!

PRIAMUS Mein Sohn, es ist weder Aphrodite noch Pallas, die die Welt regiert. Was befiehlt uns Zeus in dieser Unsicherheit?

IRIS Zeus, der Herrscher über alle Götter, läßt euch sagen, daß die, welche überall in der Welt nur die Liebe sehen, ebenso dumm sind wie die, welche sie nicht sehen. Die wahre Weisheit, läßt Zeus, der Herr über alle Götter, euch sagen, ist bald die Liebe, bald die Keuschheit. Darum verläßt er sich auf Hektor und auf Ulysses, daß man Helena von Paris trennt, ohne sie dabei zu trennen. Er befiehlt allen anderen, sich zu entfernen und die Unterhändler allein zu lassen. Und diese haben es fertigzubringen, daß der Krieg vermieden wird. Oder aber: er schwört es euch – und er hat noch niemals eine leere Drohung ausgesprochen – daß es Krieg geben wird.

HEKTOR Ich stehe Euch zur Verfügung, Ulysses.

ULYSSES Ich stehe zur Verfügung, Hektor.

(Alle ziehen sich zurück. Eine große Schärpe wird am Himmel sichtbar.)

HELENA Sie hat ihre Schärpe unterwegs verloren. Das sieht ihr ähnlich.

DREIZEHNTE SZENE

Ulysses, Hektor

HEKTOR Und nun beginnt der eigentliche Kampf, Ulysses.

ULYSSES Der Kampf, aus dem der Krieg hervorgehen oder nicht hervorgehen wird.

HEKTOR Wird es der Krieg sein?

ULYSSES Wir werden es in fünf Minuten wissen.

HEKTOR Wenn es ein Wortkampf ist, habe ich geringe Aussichten.

ULYSSES Eher ein Kampf der Gewichte, glaube ich. Es sieht wirklich so aus, als ob ein jeder von uns auf einer Waagschale stände. Das Gewicht entscheidet . . .

HEKTOR Mein Gewicht? Was ich wiege, Ulysses? Ich wiege, was ein junger Mann wiegt, eine junge Frau, ein werdendes Kind. Ich wiege, was die Freude am Leben wiegt, der Glaube an das Leben, der Aufschwung zu allem, was recht und natürlich ist.

ULYSSES Was ich wiege, ist der gereifte Mann, die Frau von dreißig Jahren, der Sohn, dessen Wachstum ich jeden Monat in den Türpfosten unseres Palastes einkerbe . . . Mein Schwiegervater sagt, daß ich die schöne Arbeit des Kunsttischlers ruiniere . . . Ich wiege die Wollust zu leben und das Mißtrauen gegen Leben.

HEKTOR Ich wiege, was die Jagd, der Mut, die Liebe, die Treue wiegt.

ULYSSES Und ich – was die Vorsicht gegenüber den Göttern, den Menschen, den Dingen wiegt.

HEKTOR In meine Waagschale kommt noch die phrygische Eiche, alle phrygischen, dichtbelaubten und stämmigen Eichen, die auf unseren Hügeln verstreut sind, mit unseren struppigen Rindern.

ULYSSES In die meine – der Olivenbaum!

HEKTOR In die meine der Falke! Ich kann geraden Blickes in die Sonne sehen.

ULYSSES In die meine die Eule!

HEKTOR Ich wiege, was ein ganzes Volk gutmütiger Bauern, emsiger Handwerker wiegt, Tausende von Pflügen, Webstühlen, Schmiedestätten . . . Oh! Warum erscheinen mir plötzlich vor Euch all diese Gewichte so leicht?

ULYSSES Ich wiege, was jene unverderbliche und unerbittliche Luft unseres Archipels und unserer Küste wiegt.

HEKTOR Wozu noch mehr? Die Schale neigt sich.

ULYSSES Auf meine Seite? Ja . . . ich glaube es.

HEKTOR Und Ihr wollt den Krieg?

ULYSSES Ich will ihn nicht. Seiner eigenen Absichten aber bin ich nicht so sicher.

HEKTOR Unsere Völker haben uns beide hierher beschieden, ihn abzuwenden. Unsere Begegnung allein ist schon der Beweis, daß nicht alles verloren ist ...

ULYSSES Ihr seid jung, Hektor ... Am Vorabend eines Krieges pflegen zwei führende Staatsmänner von zwei im Streit befindlichen Völkern allein in einem harmlosen Dorf, auf einer Terrasse am Ufer eines Sees oder in der Ecke eines Gartens zusammenzutreffen. Ab und zu weht eine leichte Brise. Und sie sind einer Meinung, daß der Krieg die ärgste Geißel der Welt ist. Und beide, während sie die Reflexe auf den Fluten betrachten, während Magnolienblätter auf ihre Schultern fallen, sind friedlich, bescheiden, loyal. Sie beobachten einander. Sie sehen sich an. Von der Sonne durchwärmt, von dem hellen Landwein weich gestimmt, entdeckt keiner in dem Gesicht vor ihm einen einzigen Zug, der hassenswert, einen einzigen, der nicht liebenswert wäre! Nichts Unverträgliches in ihren Sprachen, in ihrer Art, sich die Nase zu reiben oder zu trinken. Und sie sind vom Frieden wie von Friedenswünschen wirklich erfüllt ... Sie scheiden mit einem Händedruck und fühlen sich als Brüder. In ihren Wagen noch drehen sie sich um, um sich anzulächeln ... Und am nächsten Tag bricht dennoch der Krieg aus ... So steht es auch jetzt mit uns beiden! ... Unsere Völker, die im Hintergrunde unserer Entschließungen harren, schweigen und stehen abseits, aber es ist nicht ein Sieg über das Unabwendbare, was sie von uns erwarten. Sie haben uns die Vollmacht gegeben und uns allein gelassen, damit wir über die Katastrophe hinweg der Brüderlichkeit unseres Feindes desto besser innewerden. Genießen wir sie. Sie ist ein Gericht für Feinschmecker. Kosten wir es aus ... Das ist aber auch alles. Es ist das Privilegium der Großen, die Katastrophen von einer Terrasse aus zu überblicken.

HEKTOR Ist es ein Gespräch von Feinden. das wir da führen?

ULYSSES Es ist ein Duett vor dem Einsatz des Orchesters! Das Duett der Solisten, ehe der Krieg ausbricht. Weil wir von Natur vernünftig, gerecht und höflich sind, sprechen wir miteinander eine Stunde vor dem Kriege, wie wir es lange nach dem Krieg als einstige Frontkämpfer tun werden. Vor der Schlacht selber versöhnen wir uns. Es ist immerhin etwas. Mag sein, daß wir unrecht haben. Wenn einer von uns den anderen eines Tages töten und ihm dann das Visier vom Gesicht reißen wird, um sein Opfer zu erkennen, mag sein, es wäre besser, er würde nicht in das Gesicht eines Bruders blicken . . . Doch das Weltall weiß: wir werden uns schlagen.

HEKTOR: Es kann sich irren. Man erkennt den Irrtum daran, daß alle Welt ihn teilt.

ULYSSES Hoffen wir's. Wenn sich aber das Schicksal seit Jahren zwei Völker ausersah, wenn es beiden dieselbe Anwartschaft auf erfinderischen Geist und auf Vorherrschaft eröffnete, wenn es, wie vorhin, uns beiden auf der Waagschale kostbare Gewichte, die aber völlig verschieden wiegen, zuerteilte, um die Freude, das Gewissen und die Natur selbst zu werten, wenn es dem einen wie dem anderen durch seine Architekten, Dichter, Maler ein Königreich von Inhalten, Tönen und Nuancen geschenkt hat, das dem anderen völlig entgegengesetzt ist, wenn er sie das trojanische Balkendach und das thebanische Gewölbe, das phrygische Recht, das griechische Indigo erfinden ließ, so weiß das Weltall wohl, daß es hiemit den Menschen nicht zweierlei Farben und Entwicklungsarten zudachte, sondern sich sein Festspiel vorbehielt: das der Entfesselung jener Hoheit, jenes menschlichen Irrsinns, aus der allein die Götter Zuversicht schöpfen. Es ist kleinliche Politik, zugegeben, wir aber sind leitende Staatsmänner. Wir können es unter uns wohl sagen: es ist gemeinhin die Politik des Schicksals.

HEKTOR Und Troja und Griechenland hat es sich diesmal ausersehen?

ULYSSES Heute früh habe ich noch daran gezweifelt. Seitdem ich aber den Fuß auf euren Boden gesetzt habe, bin ich dessen gewiß.

HEKTOR Fühltet Ihr Euch in Feindesland?

ULYSSES Warum immer auf das Wort »Feind« zurückkommen? Muß es Euch nochmals gesagt werden: nicht die wirklichen Feinde bekriegen sich. Es gibt Völker, die von der Natur dazu geschaffen sind, übereinander herzufallen: durch ihre Haut, ihre Sprache, ihre Gerüche. Sie beneiden, sie hassen einander, sie können sich nicht ausstehen ... Die aber schlagen sich nie. Schlagen werden sich die, welche das Schicksal für ein und denselben Kampf geschult und ausgestattet hat: die werden dann zu Gegnern.

HEKTOR So wären wir reif für den griechischen Krieg?

ULYSSES Bis zu einem unheimlichen Grade. Wie die Insekten von der Natur, die ihren Kampf voraussieht, mit Angriffs- und Abwehrwaffen versehen werden, so haben auch wir uns im voraus, ohne uns zu kennen, ohne es zu ahnen, zur Bereitschaft für unseren Krieg erzogen. Bis zu den geringsten Einzelheiten. Alles an unseren Waffen und unseren Gewohnheiten greift ineinander wie Zahnräder an einer Maschine. Und eure Frauen, eure Töchter sind die einzigen, deren Blick, deren Hautfarbe in uns weder Wildheit noch Begehren erweckt, sondern jene Bangigkeit des Herzens, jene schmerzliche Freude, die der Horizont des Krieges sind. Die Gesimse eurer Dächer mit ihrer dunkeln und feuerfarbenen Untermalung, das Gewieher eurer Pferde, die Gewänder eurer Frauen, die hinter Säulen verschwinden: das Schicksal hat bei euch alles in eine Gewitterfärbung getaucht, in deren Schein ich zum ersten Male die Zukunft sich gestalten sehe. Es ist nichts zu machen! Ihr steht im Zeichen des griechischen Krieges.

HEKTOR Und es denken auch die anderen Griechen wie Ihr?

ULYSSES Was sie denken, ist nicht weniger beunruhigend. Was die anderen Griechen denken, ist, daß Troja reich ist, seine Speicher strotzend, seine Ländereien fruchtbar sind. Sie denken, daß sie selbst auf ihren Felsen in der Enge leben. Das Gold eurer Tempel, eures Kornes, eures Rapses hat jedem unserer Schiffe von euren Vorgebirgen her ein Zeichen gegeben, das unsere Leute nicht vergessen können. Es ist unvorsichtig von euch, allzu goldene Götter und Gemüse zu haben.

HEKTOR Endlich ein offenes Wort ... Griechenland hat uns zu seiner Beute erkoren. Wozu da noch eine Kriegserklärung? Es wäre einfacher gewesen, meine Abwesenheit zu nützen und Troja zu überfallen. Es wäre euch ohne Schwertstreich in die Hände gefallen.

ULYSSES Um den Krieg zu fördern, bedarf es einer gewissen allgemeinen Geneigtheit, die von der entsprechenden Atmosphäre, Akustik und einer jeweiligen Stimmung in der Welt abhängt ... Einen Krieg zu unternehmen ohne diese Voraussetzung, wäre Wahnsinn. Wir hatten sie nicht.

HEKTOR Und jetzt habt ihr sie?

ULYSSES Ich glaube – ja.

HEKTOR Wer in der Welt ist so stark gegen uns eingenommen? Troja wird seiner Humanität, seines Gerechtigkeitssinnes, seiner Künste wegen gerühmt.

ULYSSES Nicht durch Verbrechen gelangt ein Volk seinem Schicksal gegenüber in eine schiefe Lage, sondern durch seine Fehler. Seine Armee ist mächtig, seine Kassen sind gefüllt, seine Dichter in voller Tätigkeit. Eines Tages aber – wer weiß warum – weil seine Bürger böswillig Wälder abholzen, sein Fürst garstig eine Frau entführt, seine Kinder dumme Streiche machen, eines Tages ist es verloren. Die Nationen so gut wie die Menschen gehen an unmerklichen Verstößen zugrunde. Die Art zu niesen oder die Absätze schief zu treten ist es, woran die verurteilten Völker einander erkennen ... Wahrscheinlich habt ihr Helena auf die unrichtige Weise entführt ...

HEKTOR Könnt Ihr ein Verhältnis sehen zwischen der Entführung einer Frau und dem Krieg, in dem eines unserer Völker untergehen muß? ...

ULYSSES Wir sprechen von Helena. Paris, und auch Ihr, Hektor, beurteilt Helena falsch. Seit fünfzehn Jahren kenne und beobachte ich sie. Helena, darüber kann kein Zweifel bestehen, ist eines jener seltsamen Wesen, welche das Schicksal für seine besonderen Zwecke auf Erden in Umlauf setzt. Sie stellen nicht viel vor. Manches Mal ist es ein Marktflecken, beinahe ein Dorf, eine kleine Königin, beinahe ein kleines Mädchen. Aber wenn Ihr es anrührt, nehmt Euch in acht! Darin liegt die Schwierigkeit des Lebens, daß man unter den Menschen und Dingen die Schicksalsträchtigen erkennen muß. Ihr habt es nicht getan. Ihr hättet ungestraft an unsere großen Admirale, unsere Könige rühren können. Paris hätte sich zwanzigmal gefahrlos in den Betten Spartas und Thebens herumtreiben können. Aber nein! Er hat sich den schwächsten Verstand, das starrste Herz, den engsten Schoß ausgesucht . . . Ihr seid verloren.

HEKTOR Wir geben euch Helena zurück.

ULYSSES Der Frevel am Schicksal wird durch die Rückgabe nicht gesühnt.

HEKTOR Wozu dann noch verhandeln? Ich sehe endlich die Wahrheit hinter Euren Worten. Gesteht! Ihr wollt unsere Schätze! Ihr ließet Helena entführen, um einen einwandfreien Vorwand für den Krieg zu haben. Ich schäme mich für Griechenland! Auf ewig wird es die Schmach und die Verantwortung dafür tragen.

ULYSSES Die Schmach und die Verantwortung? Glaubt Ihr? Die zwei Worte vertragen sich nicht. Wenn wir tatsächlich für den Krieg verantwortlich wären, so brauchte unsere jetzige Generation es nur abzuleugnen. Damit wäre allen unseren kommenden Generationen der gute Glauben und ein gutes Gewissen gesichert. Wir werden leugnen. Wir werden uns opfern.

HEKTOR Die Entscheidung ist also gefallen, Olysses! So sei denn Krieg! Übrigens je mehr ich ihn hasse, desto stärker wächst in mir ein unwiderstehlicher Drang zu töten . . . Verlaßt Troja, da Ihr nicht zu mir steht . . .

ULYSSES Begreift doch, Hektor . . . Ich stehe zu Euch. Vergargt es mir nicht, daß ich das Schicksal deute. Ich wollte nur in jenen großen Linien lesen, die die Straßen der Karawanen, die Wege der Schiffe, der Zug der Kraniche und der Rassen in das Bild der Welt eintragen. Gebt mir Eure Hand. Auch sie hat ihre Linien. Aber forschen wir wir nicht, ob sie das gleiche aussagen. Nehmen wir an, daß die drei kleinen Zeichen in Hektors Handfläche das Gegenteil von dem besagen, was die Flüsse, die Flüge und die Furchen des Kielwassers künden. Ich bin neugierig von Natur und kenne keine Furcht. Ich will gern dem Schicksal entgegenhandeln. Gebt mir Helena. Ich werde sie zu Menelaus zurückführen. Ich verfüge über viel mehr Beredsamkeit, als nötig ist, um einen Gatten von der Tugend seiner Frau zu überzeugen. Ja! Ich werde Helena sogar dazu bringen, selbst an ihre Tugend zu glauben. Und ich breche sofort auf, um jeden Überfall zu vermeiden. Sind wir erst auf dem Schiff, dann gelingt es uns vielleicht, den Krieg zu vereiteln.

HEKTOR Ist das die List des Ulysses oder seine Größe?

ULYSSES Ich suche in diesem Augenblick das Schicksal zu überlisten und nicht Euch. Es ist mein erster Versuch und daher anerkennenswert. Hektor, ich spreche offen ... Wenn ich den Krieg wollte, dann würde ich nicht Helena von Euch fordern, sondern ein anderes Pfand, das Euch teurer ist ... Ich gehe. Aber ich kann mich des Gefühles nicht erwehren, daß er gar weit ist, der Weg, der von dieser Stelle bis zu meinem Schiffe führt.

HEKTOR Meine Wache geleitet Euch.

ULYSSES Weit ist er wie die offizielle Rundfahrt der auf Besuch weilenden Monarchen, wenn das Attentat droht ... Wo halten sich die Verschwörer verborgen? Heil uns! Wenn es nicht im Himmel selbst ist ... Und er ist weit, der Weg von hier bis zu jener Ecke des Palastes ... und weit mein erster Schritt ... Wie soll ich ihn setzen, meinen ersten Schritt, inmitten all dieser Gefahren? ... Werde ich ausgleiten und mich töten? ... Wird an jener Ecke ein Gesims mich erschlagen? Alles Mauerwerk hier ist neu, und die Steine sitzen noch locker ... Mut ... Vorwärts! *(Er macht den ersten Schritt.)*

HEKTOR Dank, Ulysses!

ULYSSES Der erste Schritt ist getan ... Wie viele bleiben ihrer noch?

HEKTOR Vierhundertsechzig.

ULYSSES Zum zweiten! Ihr wißt, warum ich mich zu gehen entschließe, Hektor? ...

HEKTOR Ich weiß es. Aus Edelmut.

ULYSSES Nicht ganz! ... Andromache hat den gleichen Augenaufschlag wie Penelope. *(Ab.)*

Vierzehnte Szene

Andromache, Kassandra, Hektor, später Ajax, dann Demokos, Abneos

Hektor Du warst zugegen, Andromache?

Andromache Halte mich. Ich kann nicht mehr!

Hektor Du hast zugehört?

Andromache Ja. Ich bin am Ende.

Hektor Du siehst, daß wir nicht verzweifeln müssen...

Andromache Nicht an uns vielleicht – an der Welt, ja... Dieser Mann ist furchtbar... Das Elend der ganzen Welt ist über mir.

Hektor Noch eine Minute... und Ulysses ist an Bord... Er geht schnell. Man sieht von hier aus ihn und sein Gefolge. Jetzt ist er schon bei den Brunnen. Was hast du?

Andromache Ich habe nicht mehr die Kraft zu hören. Ich halte mir die Ohren zu. Ich nehme meine Hände nicht weg, ehe unser Schicksal entschieden ist...

Hektor Hole Helena, Kassandra.
(Ajax kommt, vollständig betrunken. Er sieht Andromache auf der Bank sitzend. Steht hinter ihr.)

Kassandra Ulysses erwartet Euch an Bord, Ajax! Dort führt man Euch Helena zu.

Ajax Helena? Helena kann mir gestohlen werden. Die dort will ich in den Armen halten.

Kassandra Fort mit dir, Ajax! Das ist die Gattin des Hektor.

Ajax Die Gattin des Hektor! Bravo! Den Frauen meiner Freunde, meiner wahren Freunde, habe ich immer den Vorzug gegeben!

Kassandra Ulysses ist schon auf halbem Wege. Geht!

Ajax Nichts für ungut. Sie hält sich die Ohren zu. Ich kann ihr also alles sagen, da sie nicht hören wird. Wenn ich sie anfassen, sie küssen würde – dann freilich! Aber Worte, die man nicht hört!... Nichts, was ungefährlicher wäre.

Kassandra Nichts könnte gefährlicher sein. Geht, Ajax!

Ajax *(während Kassandra ihn daran zu hindern sucht, sich Andromache zu nähern)* Glaubst du? Dann aber... warum sie nicht anfassen? Sie umarmen? Sittsam natürlich! Immer sittsam die Frauen der wahren Freunde. Du, was ist das Keuscheste an deiner Frau, Hektor? Ist es der Hals? Das wäre für den Hals ... ganz herzig. Keusch ist auch das Ohr! ... Das wäre für das Ohr! Ich werde dir sagen, Hektor, was ich immer am keuschesten an der Frau gefunden habe ... *(Zu Kassandra)* Laßt mich, laßt mich ... Auch die Küsse hört sie nicht. Wie stark du aber bist. Ich komme! Ich komme! Lebt wohl. *(Er geht.)*

(Hektor, der seinen Speer gehoben hatte, läßt ihn unmerklich wieder sinken.)

DEMOKOS *(stürzt herbei)* Feigling! Feigling! Du gibst Helena zurück. Trojaner! Zu den Waffen! Man verrät uns! Sammelt euch! ... Und eure Kriegshymne ist bereit! Hört sie!

HEKTOR Da! Für deine Kriegshymne! *(Er stößt ihm von hinten den Speer in den Rücken.)*

DEMOKOS *(stürzt zu Boden)* Er hat mich getötet!

HEKTOR Kein Krieg in Troja, Andromache! *(Er versucht Andromache die Hände zu lösen. Sie widerstrebt, die Augen auf Demokos gerichtet. Der Vorhang, der sich langsam zu senken begann, hebt sich allmählich wieder.)*

ABNEOS Man hat Demokos ermordet! Wer hat Demokos ermordet?

DEMOKOS Wer mich getötet hat? ... Ajax ... Ajax ... Tötet ihn!

ABNEOS Tötet den Ajax.

HEKTOR Er lügt! Ich bin es, der ihn niederstieß.

DEMOKOS Nein, es ist Ajax ...

ABNEOS Ajax hat den Demokos ermordet! ... Faßt ihn! ... Züchtigt ihn!

HEKTOR Demokos! Gestehe, daß ich es war! Gesteh, oder du stirbst!

DEMOKOS Nein, teurer Hektor! Mein einzig teurer Hektor! Es ist Ajax! Tötet den Ajax! *(Er stirbt.)*

KASSANDRA Er stirbt, wie er gelebt hat: krächzend.

ABNEOS Seht! ... Sie halten den Ajax! ... Ah! Sie haben ihn erschlagen!

HEKTOR *(macht die Hände Andromaches frei)* Krieg in Troja!

(Die Pforte des Krieges öffnet sich langsam. Man erblickt Helena, die Troilus küßt.)

KASSANDRA Der trojanische Dichter ist tot ... Der Dichter der Griechen hat das Wort.

Vorhang

DIE IRRE VON CHAILLOT

Schauspiel in zwei Akten

PERSONEN

Präsident
Baron
Kellner [Martial]
Die Irre [Aurélie]
Irma
Makler
Prospektor
Rentner
Chasseur
Retter
Jadin [Der Alte]
Pierre
Polizist
Lumpensammler
Kloakenreiniger
Constance
Gabrielle
Josephine

Jongleur, Blumenmädchen, Schmutziger Herr, Schwätzer, Schuhbandverkäufer, Unbekannter, Syndikus, Straßensänger, Anführer

ERSTER AKT

Terrasse des Cafés »Chez Francis«, Place de l'Alma

PRÄSIDENT Nehmen Sie Platz, Baron. Der Kellner wird uns sofort einen Porto bringen, meine Spezialmarke. Wir müssen diesen Tag feiern, er dürfte in die Geschichte eingehen.

BARON Einen Porto! Schön.

PRÄSIDENT Zigarre? Sie trägt meinen Namenszug.

BARON Eine Narghile würde besser passen. Ich komme mir vor wie in einem arabischen Märchen. Als wäre ich in Bagdad am Morgen, wenn die Diebe Bekanntschaft schließen und sich, bevor sie ihr Glück aufs neue versuchen, ihr Leben erzählen.

PRÄSIDENT Dazu bin ich gern bereit. Auf dem Meer der zufälligen Begegnungen und Wagnisse ist es manchmal nützlich, den Standort zu bestimmen. Sie beginnen.

BARON Ich heiße Jean-Hippolyte, Baron Tommard ... *(Ein Straßensänger hat sich vor die Gäste hingestellt und singt den Anfang der »Schönen Polin«.)*

STRASSENSÄNGER *(singt)*

Hörst du schon
den ersten Ton
des Teufelsorchesters ...!

PRÄSIDENT Kellner, jagen Sie diesen Mann fort!

KELLNER Er singt die »Schöne Polin«, mein Herr.

PRÄSIDENT Ich habe Sie nicht gefragt, was er singt! Ich sage Ihnen, jagen Sie den Mann fort.
(Der Straßensänger verschwindet.)

BARON Ich heiße Jean-Hippolyte, Baron Tommard. Bis zu meinem fünfzigsten Jahr führte ich ein bescheidenes, ereignisloses Leben. Ich beschränkte mich darauf, für jede meiner Freundinnen eines der Güter zu verkaufen, die ich von meiner Familie geerbt hatte. Statt der Ortsnamen gab ich ihnen Vornamen. Statt »Les Essarts« »Ménène«, statt »La Maladrerie« »Linda«, statt »La Durandière« »Daisy«. Je französischer der Ortsnamen war, desto exotischer wurde der Vorname. Mein letzter Gutshof hieß »Frotteau«, der letzte Vorname »Anuschka«. Die Zeit. die dann folgte, war trübe; ich war soweit heruntergekommen, daß ich – durch Vermittlung eines Buchhändlers – für die Schüler des Lycée Janson die Übersetzungen und Aufgaben machte. Ihr Sohn bemerkte die Ähnlichkeit unserer Handschrift und betraute mich sogar damit, die Aufgaben für ihn ins reine zu schreiben. Mein Fleiß – in der Jugend hatte er mir gefehlt – trug mir den Lohn ein, den die Moral jeder Geschichte dem braven Schüler verspricht. Ihr Sohn, dem ich Anuschka vorstellte, stellte mich Ihnen vor, und Sie hielten es, bloß als Sie meinen Namen hörten, für richtig, wenn ich so sagen darf, mir einen Sitz im Verwaltungsrat der Gesellschaft anzubieten, die heute gegründet wird ...

PRÄSIDENT Jetzt bin ich an der Reihe! Ich heiße ...

BLUMENMÄDCHEN Schöne Veilchen ...?

PRÄSIDENT Verschwinden Sie ... *(Blumenmädchen verschwindet.)* Ich heiße Emile Durachon. Ernestine Durachon, meine Mutter, hat sich für einen schäbigen Taglohn abgerackert, um das Schulgeld für mich im Gymnasium bezahlen zu können. Ich habe sie nie anders als über den Waschtrog gebeugt gesehen. Wenn ich sie mir aufrecht stehend vorstelle, erkenne ich nicht einmal ihr Gesicht mehr; es scheint für irgend etwas Rache nehmen zu wollen, und sie spuckt nach mir. Deshalb unterlasse ich es, mich ihrer zu erinnern. Aus dem Pensionat wurde ich wegen Gründung meiner ersten Aktiengesellschaft ausgestoßen – es war eine Bibliothek der »Unterhaltungs«-Literatur, aus der ich zu hohen Preisen Bände an meine Kameraden verlieh – und ging nach Paris, in dem eifrigen Bestreben, den gefeierten Persönlichkeiten das Geheimnis zu entreißen, dem sie ihr Glück verdanken. Der Anfang war schlecht: Ich wurde Laufbursche bei der Zeitung »La Fronde«, deren Leiterin, die berühmte Séverine. mich dazu verwendete, Hundeleichen nach dem Tierfriedhof von Asnières zu bringen, den sie geschaffen hatte. Es liegt aber, scheints, in meiner Natur, selbst tote Hunde hart anzufassen. Dann wurde ich Gepäckaufseher bei

Sarah Bernhardt. Aber auch hier hatte ich kein Glück mehr von dem Tag an, da sie ihre Koffer zu zählen begann. Ebenso erging es mir als Putzer des Radrennfahrers Jacquelin, der eines Tages seine Reifen zählte. Da ich trotz meiner Beziehungen zum Ruhm hungrig blieb, ein Niemand war und in Lumpen ging, wandte ich mich wieder den nichtssagenden Gesichtern zu, die keinen Namen hatten und mir in der Masse aufgefallen waren, weil sie aussahen, als ob sie kaum merklich auf etwas lauerten. Mein Glück war gemacht. Das erste dieser glatten Gesichter, das ich mitten im Wirbel der Métro traf, verhalf mir zu meinen ersten echten tausend Franken, indem ich falsche Fünffrankenstücke in Umlauf setzte. Ein anderes, trotz eines weinroten Muttermals, nicht weniger glattes Gesicht – ich hatte es an der Place de l'Opera getroffen – brachte mein Talent zur Entfaltung. Es übertrug mir die Leitung einer Gruppe, die wertlose elektrische Batterien verkaufte. Ich hatte begriffen. Von Stund an brauchte ich nur noch die glückliche Gelegenheit zu nutzen und mich einer dieser leblosen Masken anzuvertrauen – selbst wenn sie von Nervenzucken geschüttelt wurde oder von Pockennarben geziert war – um der zu werden, den Sie vor sich sehen: Präsident von elf Gesellschaften, Mitglied von zweiundfünfzig Verwaltungsräten, Besitzer von ebenso vielen Bankkonten und präsumptiver Direktor der weltumspannenden Gesellschaft, in der Sie soeben einen Sitz akzeptiert haben.

(Der Lumpensammler nähert sich, er bückt sich.)

Was suchen Sie da?

LUMPENSAMMLER Was Sie fallen lassen.

PRÄSIDENT Ich lasse niemals etwas fallen.

LUMPENSAMMLER Dann gehört Ihnen auch nicht dieser Hundertfrankenschein?

PRÄSIDENT Geben Sie mir den Schein und verschwinden Sie!

(Lumpensammler gibt ihm den Schein und verschwindet.)

BARON Sind Sie ganz sicher, daß der Schein Ihnen gehört?

PRÄSIDENT Auf alle Fälle mehr als ihm. Die Hundertfrankenscheine gehören den Reichen, nicht den Armen. Kellner, sorgen Sie dafür, daß man uns in Ruhe läßt. Hier ist ja der reinste Jahrmarkt!

BARON Wäre es sehr indiskret, Präsident, zu fragen, welchen Zweck unsere Gesellschaft hat?

PRÄSIDENT Es ist nicht indiskret, es ist aber auch nicht üblich. Sie sind das erste Mitglied eines Verwaltungsrates, das jemals eine derartige Neugier zeigte.

BARON Entschuldigen Sie. Es wird nicht wieder vorkommen.

PRÄSIDENT Ich entschuldige es um so lieber, als ich selbst den Zweck noch nicht kenne.

BARON Aber das Kapital haben Sie?

PRÄSIDENT Ich habe einen Makler, der alles für mich erledigt. Wir erwarten ihn.

BARON Haben Sie Waren oder Bodenschätze?

PRÄSIDENT Lieber Baron, Sie müssen wissen, daß eine Gesellschaft bei ihrer Gründung keinen Zweck, sondern einen Namen braucht. Wir, der Adel der Geschäftswelt, haben den Leuten, die unsere Aktien zeichnen, nie den Schimpf angetan zu denken, daß sie mit ihrer Unterschrift ein kaufmännisches Unternehmen gründen wollten. Wir nahmen diese Unterschriften stets nur als Zustimmungserklärung zu einem gemeinsamen Spielplatz der Einbildungskraft. Wir haben keinen anderen Ehrgeiz, als ihrer Einbildungskraft zu dienen und begehen nicht den Fehler der Romanschreiber, die sich verpflichtet glauben, sobald sie einen Titel haben, den Roman als Zugabe schreiben zu müssen.

BARON Welchen Titel haben Sie jetzt?

PRÄSIDENT Ich weiß ihn noch nicht. Wenn ich nervös bin, so nur deswegen, weil meine Eingebung heute Verspätung hat... Da! Sehen Sie sich die an! Ich habe nie etwas Vielversprechenderes gesehen!

BARON Eine Frau? Wo sehen Sie Frauen?

PRÄSIDENT Eine Visage. Eines der Gesichter, von denen ich gesprochen habe. Der Mann links von uns, der Wasser trinkt.

BARON Der und vielversprechend? Man könnte ihn für einen Meilenstein halten.

PRÄSIDENT Genau das. Ein Meilenstein der Hinterlist, der Gier und der Halsstarrigkeit des Menschen. Wo gespielt wird, wo es Stahl, Unzucht und Phosphate gibt, stehen sie. Sie säumen die Straßen, die zum Erfolg, zum Verbrechen, ins Zuchthaus und zur Macht führen. Sehen Sie ... Er hat uns schon bemerkt. Er hat verstanden, gleich wird er herkommen.

BARON Sie werden ihm doch nicht unsere Geheimnisse anvertrauen?

PRÄSIDENT Lieber Baron, ich habe niemals meiner Frau oder meiner Tochter ein Geheimnis anvertraut. Meine intimsten Freunde, meine Sekretäre haben niemals eine Ahnung von meinen Geheimnissen gehabt, nicht einmal von den ganz harmlosen. Meine erste Sekretärin weiß nicht, wo ich wirklich wohne. Es ist aber mein Prinzip, den Unbekannten, die der Zufall mir zuführt, alles zu sagen. Wer einen Kopf hat so ganz ohne Leben, auf den kann man sich verlassen. Keiner hat mich je verraten. Derart verzogene Münder, derart zurücktretende Augen bürgen in unserem Kreise für Aufrichtigkeit, für unsere Aufrichtigkeit. – Auch er hat mich bereits erkannt. Auch er würde nicht zögern, mir jedes Geheimnis anzuvertrauen. Die Zeichen, an denen sich die Eingeweihten der Geheimgesellschaften erkennen, sind kindisch im Vergleich zu den Merkmalen, an denen wir einander erkennen, wir, die Glücksritter. Eine Art Stumpfheit und der Widerschein des Todes auf einem Gesicht. Er hat sie auf meinem Gesicht gesehen. Gleich wird er zu uns kommen ... *(Ein Taubstummer geht herum und legt auf jeden Tisch einen Briefumschlag.)* Wird man uns endlich in Ruhe lassen! Das ist ja die reinste Verschwörung! ... Nehmen Sie die Kuverts fort, und zwar geschwind!

(Taubstummer macht Zeichen, daß er nicht hört.)

PRÄSIDENT Kellner! Rühren Sie die Kuverts nicht an, Baron. Der Taubstumme ist von der Polizei, die sich auf diese Art Fingerabdrücke verschaffen will.

BARON Das gelingt ihr! Sehen Sie sich die Spuren an!

PRÄSIDENT Arme Polizei! Sie ist immer naiv. Sie gewinnt damit nichts als wertlose Fingerabdrücke von freigebigen, braven Gästen ... Sie, Taubstummer, verschwinden Sie oder Sie kommen ins Gefängnis.

TAUBSTUMMER *(sein Mienenspiel ist außerordentlich.)*

PRÄSIDENT Kellner, was erzählt er da?

KELLNER Niemand außer Irma versteht ihn.

PRÄSIDENT Welche Irma?

KELLNER Die Geschirrwäscherin Irma ... Die da.
(Irma erscheint. Ein Engel.)

PRÄSIDENT Schaffen Sie uns diesen Mann vom Hals, Geschirrwäscherin, oder ich rufe die Polizei ... *(Mienenspiel des Taubstummen.)* Zum Teufel, was erzählt er?

IRMA *(liest aus dem Mienenspiel des Taubstummen)* Er sagt, das Leben ist schön ...

PRÄSIDENT Seinesgleichen hat keine Meinung über das Leben zu haben.

IRMA ... und Ihre Seele häßlich.

PRÄSIDENT Meine Seele oder meine Frau?

IRMA Beide ... Alle drei. Sie haben zwei Frauen.

PRÄSIDENT Holen Sie den Geschäftsführer!
(Der Taubstumme und Irma ab.)
Was gibt es denn schon wieder?
(Ein Schuhbandverkäufer ist an den Tisch getreten.)

SCHUHBANDVERKÄUFER Schuhbänder gefällig?

PRÄSIDENT Polizei!

BARON Richtig, ich brauche ein Schuhband!

PRÄSIDENT Kaufen Sie diesem Menschen nichts ab!

SCHUHBANDVERKÄUFER Ein rotes? Oder ein schwarzes? Ihre Schuhbänder sind abgenutzt, die Farbe ist überhaupt nicht mehr zu erkennen.

BARON Glückliche Umstände gestatten es mir, ein ganzes Paar zu kaufen.

PRÄSIDENT Baron, ich habe Ihnen nichts zu befehlen. Ich habe bloß das Recht, und zwar in unserer ersten Sitzung, die Höhe der Ihnen zukommenden Diäten festzusetzen und Ihnen gegebenenfalls ein Auto zur Verfügung zu stellen. Die Umstände aber zwingen mich, ganz bescheiden den Wunsch auszudrücken, daß Sie von diesem Menschen nichts kaufen.

BARON Ich habe niemals einer so bezaubernden Bitte widerstanden. *(Der Schuhbandverkäufer geht ab.)* Bei wem soll der arme Teufel seine Ware loswerden?

PRÄSIDENT Der braucht Ihre Hilfe nicht. Ein unerträgliches Zusammengehörigkeitsgefühl erlaubt diesem Abschaum, ohne uns fertig zu werden. Die mit Schuhbändern handeln, haben jene als Kunden, die barfuß gehen. Die Krawatten verkaufen, haben die Clochards als Kunden, die nicht einmal ein Hemd besitzen; und wer mit mechanischen Enten handelt, kann sich auf die baumlangen Kerle in den Hallen verlassen. Deswegen haben sie diesen herausfordernden Ton in der Stimme, diese Frechheit im Blick; daher haben sie diese schandbare Unabhängigkeit. Helfen Sie ihnen nicht. Ah, da ist ja mein Beauftragter! Bravo! Sein Gesicht strahlt!

MAKLER Mit voller Berechtigung, Herr Präsident. Der Sieg ist unser. Hören Sie! Wir können losschießen.
(Ein Jongleur tritt auf und jongliert mit farbigen Kugeln.)

PRÄSIDENT Wir brennen darauf, etwas von Ihnen zu hören.

MAKLER Erstens, die Emission. Die Stücke werden al pari ausgegeben, die Hundertfrankenaktie zu hundert Franken. So übernimmt sie das Konsortium. Dem Publikum wird sie zu hundertzehn offeriert. Zu diesem Kurs können sie auch die Obligationäre beziehen, wodurch ich das Recht bekomme, sie zu hundertzwölf abzurechnen, so daß sich der Kurs nach künstlich hervorgerufenen Schwankungen auf $91^1/_5$ stellt ..., meine Agenten streuen Gerüchte über einen drohenden Krieg aus. Unsere Klienten werden unruhig, und wir kaufen die Aktien zurück.
(Der Jongleur jongliert mit feurigen Kugeln.)

PRÄSIDENT Ein klassisches, aber hervorragendes Manöver.

BARON Darf ich fragen ...

PRÄSIDENT Nein, jede Erklärung würde Sie bloß verwirren.

MAKLER Bei den Obligationen – wohlgemerkt – wenden wir die umgekehrte Methode an. Ich sichere die normale Hausse durch eine vorübergehende Baisse. Ich mache die nicht zedierbaren Namensaktien handelbar, indem ich den unverjährbaren Übertragungstermin unbeschränkt prolongiere, und kündige eine fiktive Verteilung der wirklich vorhandenen Dividende an. Daher Panik unter den Subskribenten der Aktien. Zwei Selbstmorde, darunter der eines Generals. Daher massiver Rückkauf durch unsere Gesellschaft... Schwache Friedensgerüchte... Daher begeisterter Rückkauf durch alle Subskribenten, die durch mein erstes Manöver nicht vollkommen ruiniert wurden.

(Der Jongleur jongliert mit diamantenen Ringen. Ein Kleinrentner hat sich genähert und hört voller Bewunderung zu.)

PRÄSIDENT Wunderbar! Und wieviele Anteile entfallen auf jedes Mitglied des Verwaltungsrates?

MAKLER Fünfzig, wie abgemacht.

PRÄSIDENT Scheint Ihnen das nicht ein bißchen wenig?

MAKLER Gut, dreitausend.

PRÄSIDENT Verstehen Sie, Baron?

BARON Ich beginne zu verstehen.

PRÄSIDENT Aber wie denken Sie sich die Placierung?

MAKLER Die Placierung? Nun komme ich zu meinem größten Triumph. Ich investiere sie durch den Oberinspektor des Finanzministeriums, der mit der Leitung der öffentlichen Arbeiten betraut ist, und übertrage auf die Rapsverwertungskasse die Arbeiterversicherung, die für die Stauwehre im Massif Central vorgesehen ist. Der Rest, der den Kleinsparern vorbehalten bleibt, wird auf Heller und Pfennig bei der Société Générale und beim Crédit Lyonnais einbezahlt, die uns ein Zehntel des gesetzlich erlaubten Hundertstels als Kommission gutschreiben. Bleiben die festen Reserven, die man unter liquide Mittel buchen kann, wodurch natürlich die Steuer auf die Kapitaleinkommen höher wird...

PRÄSIDENT Klar! Das ist die Klippe.

MAKLER Über die wir mit einem Sprung hinwegkommen. Durch den Inspektor des Finanzministeriums, der mit der ständigen Leitung des provisorischen Ausschusses für Textilverwertung betraut ist, wandle ich die für Baumwolle bestimmten Reserven in Braunkohle um, wie es in

Paragraph elf der Verordnung betreffend verarbeitete Gewebe für Rohmaterialien vorgesehen ist! ...

PRÄSIDENT Gott, dieser Einfallsreichtum!

MAKLER Daher Schlaganfall unseres Feindes aus der Rue Feydeau mitten in der Börsenversammlung. Daher abwartende Haltung des Marktes. Daher Massenrückkäufe durch die Bank-Union. Daher Run der Subskribenten in der Provinz, die durch unser Büro alarmiert wurden. Wir haben es erreicht, verehrter Herr Präsident! Wenn der Tag zu Ende geht, ist jede einzelne Aktie verkauft ... Die Leute raufen sich vor unseren Büros in der Rue de Valmy und der Avenue de Verdun!

PRÄSIDENT Wie das klingt!

RENTNER *(kann nicht mehr länger an sich halten)* Eine Quittung, bitte!

PRÄSIDENT Was für eine Quittung?

RENTNER Da sind meine Ersparnisse! Alles, was ich besitze! Ich habe Ihnen zugehört. Ich habe Sie verstanden! Ich vertraue mich Ihnen mit Leib und Seele an!

MAKLER Wenn Sie verstanden haben, dann werden Sie wissen, daß bei uns der Subskribent die Quittung gibt.

RENTNER Selbstverständlich! Wo hatte ich bloß meinen Kopf! Hier ist sie! Ich werde Ihnen ewig dankbar sein. *(Er geht ab. Der Jongleur wirft ein letztes Mal die Ringe hoch in die Luft, sie kommen nicht mehr zurück. Der Straßensänger findet sich wieder ein.)*

STRASSENSÄNGER *(singt)*

Hörst du schon
den ersten Ton
des Teufelsorchesters ...!

PRÄSIDENT Aufhören! Sofort aufhören! Wozu wiederholt er ständig diese zwei Verse wie ein Papagei?

KELLNER Er kennt nur die zwei Verse. Die »Schöne Polin« ist nicht mehr aufzutreiben. Er hofft, daß ein Zuhörer ihm eines Tages sagen wird, wie das Lied weitergeht.

PRÄSIDENT Ich bestimmt nicht! Er soll zum Teufel gehn! *(Ein Schwätzer, der mit einem Stock in der Hand vorübergeht, bleibt ganz familiär am Tisch stehen.)*

SCHWÄTZER Ich auch nicht, Verehrtester. Um so mehr als ich

mich in genau der gleichen Situation befinde wie er; nur ist es bei mir das einzige Lied, das ich als Kind gesungen habe ... Übrigens auch eine Mazurka, falls es Sie interessiert.

PRÄSIDENT Es interessiert mich nicht.

SCHWÄTZER Warum, verehrter Herr, vergißt man bloß die Worte zu den Mazurken so leicht? Zweifellos gehen sie in dem verteufelten Rhythmus unter! Von meiner sind mir nur die ersten beiden Verse geblieben. *(Er singt.)*

Von Spanien bis nach Engelland
Hab ich gekostet für und für ...

PRÄSIDENT Dieses Café ist wahrhaftig ein Jahrmarkt der Wunder!

STRASSENSÄNGER *(nimmt das Lied auf und kommt näher)*

Den gold'nen Wein, das süße Bier,
Den Rausch und auch die Liebe!

SCHWÄTZER So ein Glück! Dank diesem Sänger kommen mir die Worte wieder in den Sinn. Das Wunder ist geschehen! *(Er singt)*

Und Frauen sah ich göttergleich
im Sonnenland ...

PRÄSIDENT Ich bitte Sie!

STRASSENSÄNGER Wie sie mit Händen, zart und weich
den Himmelstrank kredenzten!

PRÄSIDENT Schaun Sie, daß Sie weiterkommen!

STRASSENSÄNGER UND SCHWÄTZER *(singen)*

Was bleibt, ist nur Erinnerung ...

PRÄSIDENT Ruhe!

(Sänger und Schwätzer ab. Der Mann mit dem nackten Gesicht erhebt sich, kommt auf die Gruppe zu und setzt sich, während ein beängstigendes Schweigen herrscht. Endlich entschließt er sich zu sprechen.)

UNBEKANNTER Also?

PRÄSIDENT Ideenmangel.

UNBEKANNTER Kapitalmangel.

PRÄSIDENT Für eine Gesellschaft. Sehr dringend.

UNBEKANNTER Für ein Weibsbild. Vor Mittag.

PRÄSIDENT Es handelt sich um einen Titel.

UNBEKANNTER Es handelt sich um fünfhunderttausend.

PRÄSIDENT Einen verständlichen, eindeutigen Titel.

UNBEKANNTER Keinen Scheck.

PRÄSIDENT Einverstanden.

UNBEKANNTER Abgemacht. Hier ist der Titel ... Bankvereinigung der Pariser Unterschicht. *(Er schickt sich an, sein Leben zu erzählen, wie es die andern auch getan haben.)*

PRÄSIDENT Ausgezeichnet. Bezahlen Sie. – *(Der Makler bezahlt.)* Und jetzt erklären Sie.

UNBEKANNTER Ich heiße Roger van Hutten. Das ist nicht mein Name. Ich habe keinen. Ich bin der Sohn eines Bandagisten aus Arras, der mich nicht anerkennen wollte. So kam ich zu meinem Beruf. Da ich entschlossen war, niemals meinen Geburtsschein vorzuweisen, hielt ich mich von dem Leben fern, in dem man Prüfungen ablegt, in dem man sich verheiratet, in dem man Soldat ist, in dem man erbt, kurz und gut, von dem Leben, in dem man einen Identitätsnachweis verlangt, und bin in dem Leben untergetaucht, in dem man über solche Dinge hinweggeht. Ich habe mich mit allem eingelassen, was ebenfalls keinen Identitätsnachweis besitzt, mit Opiumstäbchen, Marihuanazigaretten und Kokain. Auch mit Büchern »für besondere Liebhaber«. Im Leben eines jeden Abenteurers gibt es eine Zeit, in der er von der Geilheit der Menschen lebt. Eines Tages sah ich mich gezwungen, einen Zollbeamten über jene Grenze zu stoßen, die man nur einmal überschreitet. Das verschaffte mir die Gelegenheit, mich als Kohlenschipper nach einem Gestade einzuschiffen, das, wie sich herausstellte, die Malaiische Halbinsel war. Hier konnte ich mir aus der Verlegenheit helfen und den Schmuggel mit Rhinozeroshorn organisieren, dem Grundstoff aller chinesischen Heilmittel. Ich bewaffnete die Eingeborenen für diese Jagd, auf die Todesstrafe steht, mit Bombarden, die so schwer waren daß man sie an den Bäumen, auf denen die Leute lauerten, mit Stricken festbinden mußte. Dort ließ ich sie auch und kümmerte mich nur um die Fortschaffung des Ungetüms. Da die Polizei drohte, mir ein Kennzeichen in die Haut einzubrennen, fuhr ich nach Sumatra, wo ich mir durch meine Kenntnis des Schachspiels, des Nationalspiels dieser Insel, die Sympathie eines Häuptlings und seiner Tochter gewann, die mir einen Knaben gebar. Ich konnte ihn nicht anerkennen. Da unten erkennt nämlich der Sohn, sobald er großjährig ist, den Vater an, falls er ihn dessen für würdig erachtet. Ich mißbrauchte das Zutrauen meiner Frau und konnte so Lloyd auf ein erdölhaltiges Sickerprodukt aufmerksam machen, das als heilig gilt und vor der Neugier jedes Weißen bewahrt wird. Er nahm mich in sein von den Prospektoren ungemein hochgeachtetes Personal auf. Man glaubte, meine Frau habe das Geheimnis verraten und pfählte sie.

PRÄSIDENT Prospektor! Sie sind Prospektor?

PROSPEKTOR Ich stehe Ihnen zu Diensten. Denn ich nehme an, daß schon das Wort Prospektion meine Idee andeutet?

MAKLER Eine wunderbare Idee!

BARON Prospektion? Ich verstehe nicht recht . . .

PRÄSIDENT Prospektion! Aber, Baron, sie ist heute die Königin der Welt. Sie stellt in den Eingeweiden der Erde den Barbestand an Flüssigkeit und Metall fest, auf dem sich die einzige menschliche Gemeinschaft aufbaut, die unsere der nationalen und patriarchalischen Formen müde Zeit duldet: die Aktiengesellschaft. Der Herr Prospektor macht uns überglücklich! Er schlägt uns vor, unsere Gesellschaft auf Schürfungen zu spezialisieren.

PROSPEKTOR Genau das.

PRÄSIDENT In Sumatra, zweifellos?

PROSPEKTOR Viel, viel näher.

MAKLER In Marokko? Das ist jetzt Mode.

PROSPEKTOR Noch näher, in Paris . . . Der Name, den ich fand, sagt es Ihnen . . .

PRÄSIDENT In Paris? Sie haben ausbeutungsfähige Lager im Boden von Paris festgestellt?

MAKLER Gold?

BARON Erdöl?

PROSPEKTOR Was wollen Sie haben, meine Herren? Absickerungen, Erzadern oder einen Namen?

MAKLER Einen Namen für unsere Aktionäre, eine Erzader für uns.

PRÄSIDENT Sie werden doch nicht nur ins Blaue hineingeredet haben? Birgt der Boden von Paris wirklich Milliarden?

PROSPEKTOR Ich bin davon überzeugt, obwohl sonst niemand etwas ahnt. Nirgendwo auf der Welt ist so wenig geschürft worden wie in Paris.

BARON Unvorstellbar! Wieso eigentlich?

PROSPEKTOR Mein lieber Baron, die Dämonen oder die Genien, die die unterirdischen Schätze bewachen, haben sich seiner mit besonderer Leidenschaft angenommen. Vielleicht tun sie gut daran. Wenn wir eines Tages unseren Planeten von allem entleert haben, was ihn im Gleichgewicht hält, was sein inneres Mengenverhältnis bestimmt, dann läuft er Gefahr, aus der Himmelsbahn zu geraten ... Dagegen ist nichts zu machen. Da der Mensch sich einmal entschlossen hat, nicht nur der Bewohner, sondern auch der Jockey dieses Erdballs zu sein, muß er die Gefahren des Rennens auf sich nehmen. Dennoch ist Prospektor ein harter Beruf.

PRÄSIDENT Ich weiß: in Täbris gibt es die blaue Wanze, auf Celebes wird einem die Haut abgezogen!

PROSPEKTOR Wenn Sie wollen. In diesem Jahrhundert der Brennstoffe sind Glaube und Märtyrer nicht mehr modern. Die schlimmste Waffe unserer Feinde ist noch immer die Drohung, uns bloßzustellen. Sie verfügen auf der Erdoberfläche über Schönheiten, über Landschaften und Städte, die die menschliche Ehrfurcht davor bewahrt, von uns ausgebeutet oder geplündert zu werden, wenn Sie es so nennen wollen; denn wo wir vorübergekommen sind, erhebt sich kein Gras und kein Zeichen menschlicher Größe mehr. Sie überzeugen die Köpfe, die nur in der Vergangenheit denken können, daß diese wenig bedeutsamen Reaktionen wie die Erinnerung, die Geschichte, den Vorrang vor den teuflischen Metallen und Flüssigkeiten im Innern der Erde haben müssen ... Sie lassen Kinder sogar auf Plätzen spielen, die mehr als alle anderen zu Grabungen geeignet wären! Das Rheingold wird von seinen Zwergen nicht so gut gehütet wie das Gold von Paris von den Parkwächtern.

PRÄSIDENT Zeigen Sie mir bloß, wo gegraben werden soll.

Ich weiß, wie man die Erlaubnis dazu bekommt, und wenn wir mitten in den Tuilerien graben müßten.

PROSPEKTOR Wie soll ich Ihnen etwas deutlich zeigen in dieser Stadt, aus der sie einen Ablageplatz von Vergangenem machen! Um unsere Spürhunde abzulenken, lassen sie an allen neuralgischen Punkten, an den Straßenecken, den Wölbungen der Hügel, den Terrassen von Gärten und Cafés, den Säumen der Friedhöfe, die geistigen Teppiche sich häufen, die berühmte Seelen durch ihren Kampf und ihre Liebe dort hinbreiten. Ich gebe zu, das geht über meinen Verstand. In allen Stadtteilen, wo es nach Eisen, Platin und Erdpech riecht, riecht es auch nach Generationen Verstorbener, nach der Leidenschaft Lebender, und die sind stärker und mischen sich mit dem andern oder saugen es auf. Überall gefällt es dem menschlichen Abenteuer, mich auf Kosten des mineralischen Abenteuers zu verwirren, selbst hier ...

BARON Selbst hier? In Chaillot?

PROSPEKTOR Besuchen Sie die Cafés in Chaillot, Herr Baron?

BARON Seit dreißig Jahren. Ziemlich regelmäßig.

PROSPEKTOR Haben Sie das Wasser gekostet?

BARON Ich habe den Versuch wieder aufgegeben.

PROSPEKTOR Wer Schürfungen anstellen will, muß ein Wasserkoster sein. Das Wasser verrät alle Geheimnisse der Erde und selbst die schönste Quelle ist nichts anderes als ein Verrat ihres Innersten. Gestern nun bin ich, hier an demselben Tisch, bei dem ersten Schluck Wasser, das ich mir aus meiner Karaffe eingegossen hatte, vor Hoffnung erschauert. Ich habe ein zweites Glas getrunken, ein drittes, ja sogar ein fünftes. Ich täuschte mich nicht Die Papillen meiner Zunge weiteten sich bei dem Geschmack, der die schönste Liebkosung des Schürfers ist, bei dem Geschmack von Erdöl.

MAKLER Erdöl in Chaillot!

PRÄSIDENT Herr und Heiland! Kellner, eine Karaffe Wasser und drei Gläser, aber rasch! Die Runde bezahle ich, Baron. Wir müssen auf die Bankvereinigung trinken!

BARON Ich bin entzückt ...

PROSPEKTOR Freuen Sie sich nicht zu früh. Sie werden völlig geschmackloses Wasser trinken. Der Geschmack hat sich verflüchtigt, auch für mich. Unsere Feinde, die Dämonen, sind mir zuvorgekommen. Sie haben rings um das Café eine Atmosphäre, eine Bewegung geschaffen, die meine Sinne abgelenkt hat. Glauben Sie ja nicht, daß die Schwere der Luft gestern abend, die Schönheit der Mädchen von ungefähr kam, oder heute morgen der ganze Aufmarsch der Gaukler vor unseren Tischen. Wir sollten müde gemacht werden, wir sollten entnervt und zum Champagner getrieben werden, damit das reine Wasser wieder seinen Geschmack erhält. Ich habe meinen Versuch soeben wiederholt. Umsonst. Ich konnte den Kellner nicht abhalten, mir zu erzählen, daß früher an der gleichen Stelle Molière, Racine und La Fontaine häufig ihren Auteuil getrunken haben. Er war mit ihnen im Bunde. Sie haben das Wasser in Krätzer verwandelt!

PRÄSIDENT Aber Sie haben doch einen Plan! Ein Mann wie Sie hat doch einen Plan!

PROSPEKTOR Gewiß.

PRÄSIDENT Dürfen wir ihn kennenlernen?

PROSPEKTOR Wenn jeder der Herren mich zuerst durch eine vertrauliche Mitteilung seiner Verschwiegenheit versichert.

PRÄSIDENT Das ist nur recht und billig ...

PROSPEKTOR Mit Namen und genauen Daten.

PRÄSIDENT Das versteht sich von selbst. Ich beginne: Der Frachter ›*Sankt Barbara*‹, der auch Passagiere an Bord hatte, und dessen Untergang mit Mann und Maus am 24. Dezember 1930 gemeldet wurde, war von mir eigens für diesen Schiffbruch hergerichtet und auf das Dreifache seines Wertes versichert worden. Gerade zu Weihnachten, in der Mitternachtsmesse, erhielt ich die Nachricht ... Sie sind an der Reihe, Baron!

BARON Chantal de Lugre, das junge Mädchen, das sich am 3. Mai 1927 eine Kugel in den Kopf jagte, hatte mir einige recht offenherzige Briefe nicht zu dem angemessenen Preis abkaufen können. Es war ein Donnerstag, ihr kleiner Bruder war nicht in der Schule und spielte neben ihr.

Ich möchte hinzufügen, daß sie lebt. Sie ist sogar nur erblindet ... *(Zum Makler)* Sie sind an der Reihe.

MAKLER Vom Nachmittag des 16. April 1932 bis zum Morgen des 17. April war ich Schatzmeister und Verwahrer der Spenden, sowohl der Schecks wie des Bargeldes, die für die Opfer der Überschwemmung im Süden eingegangen waren ...

PROSPEKTOR Ausgezeichnet ... das genügt.

MAKLER Es war genau vom 16. auf den 17. Der 17. ist der Namenstag meiner geliebten Mutter.

PROSPEKTOR Hier mein Plan ... Mein Gott, was ist das für eine Vogelscheuche!

(Die Irre von Chaillot erscheint. Als große Dame. Seidenrock mit Schleppe, die mittels einer metallenen Wäscheklemme hochgehalten wird. Schuhe im Stil Louis XIII., Hut à la Marie Antoinette. An einer Kette eine Lorgnette. Eine Kamee. Zweihenkeliger Korb aus Strohbändern. Sie geht um die Terrasse herum und bleibt in der Nähe der Gruppe stehen. Dann zieht sie eine Tischklingel, wie man sie in Speisesälen hat, aus dem Ausschnitt ihres Kleides und drückt darauf. Irma erscheint.)

DIE IRRE Sind meine Knochen bereit, Irma?

IRMA Es werden nur wenige sein, Gräfin. Aber sie sind von einem Brathuhn. Kommen Sie in zehn Minuten nochmals vorbei.

DIE IRRE Und mein Hühnermagen?

IRMA Ich werde versuchen, ihn zu retten. Der Gast ißt heute alles auf.

DIE IRRE Wenn er meinen Magen ißt, dann hebe mir die Därme auf. Der Kater vom Quai de Tokio hat sie lieber als deine Milz. *(Sie überlegt, macht einen Schritt nach vorn und bleibt vor dem Tisch des Präsidenten stehen.)*

PRÄSIDENT Kellner, sorgen Sie dafür, daß die Dame weitergeht!

KELLNER Ich werde mich hüten. Sie ist hier zu Hause.

PRÄSIDENT Ist das die Geschäftsführerin?

KELLNER Das ist die Irre von Chaillot.

PRÄSIDENT Eine Irre?

KELLNER Wieso eine Irre? Warum sollte sie verrückt sein?

PRÄSIDENT Sie haben es doch selbst gesagt, Idiot.

KELLNER Ich? Ich sage nur, wie sie heißt. Wieso verrückt? Ich erlaube Ihnen nicht, sie zu beleidigen. Das ist die Irre von Chaillot.

PRÄSIDENT Holen Sie einen Polizisten.

(Die Irre von Chaillot pfeift auf den Fingern. Der kleine Chasseur des Cafés erscheint mit drei Shawls über dem Arm.)

DIE IRRE Du hast sie gefunden, meine Boa?

CHASSEUR Noch nicht, Gräfin. Die drei Shawls habe ich gefunden, aber keine Boa.

DIE IRRE Vor fünf Jahren habe ich sie verloren. Du hättest sie wirklich schon finden können!

CHASSEUR Nehmen Sie einen der Shawls, kein Mensch will sie wiederhaben.

DIE IRRE Das sieht man! Eine Boa aus goldkäferfarbenen Federn, drei Meter lang!

CHASSEUR Der blaue ist sehr hübsch.

DIE IRRE Zu dem rosa Kragen des Mieders und dem grünen Schleier auf dem Hut? Du willst dich wohl lustig machen! Gib mir den gelben. – Paßt er?

CHASSEUR Wunderbar.

(Mit einer koketten Bewegung wirft die Irre den Shawl nach rückwärts, dabei stößt sie ein Glas um, dessen Inhalt sich auf die Hosen des Präsidenten ergießt, und geht fort.)

PRÄSIDENT Kellner! Polizei! Ich werde mich beschweren!

KELLNER Über wen?

PRÄSIDENT Über die! Über Sie! Über alle! Über den Sänger, über den Hausierer, über diese Irre ...

BARON Beruhigen Sie sich doch, Präsident!

PRÄSIDENT Niemals. Da haben Sie unsere wahren Feinde. Baron! Wir müssen Paris von ihnen befreien, und zwar sofort! Diese Marionetten, die sich in Farbe, Wuchs und Gangart unterscheiden! Was ist der einzige Schutz, die einzige Vorbedingung einer wahrhaft modernen Welt? Der Einheitstyp des Arbeiters! Gleiches Gesicht, gleiche Kleidung, gleiche Bewegungen und gleiche Worte für jeden Arbeiter. Nur so kann, wer an der Spitze steht, glauben, daß bloß *ein* menschliches Wesen schwitzt und arbeitet. Wie wohl tut das seinen Augen, wie beruhigend wirkt das auf sein Gewissen! Sehen Sie doch nur. Sogar hier in diesem Viertel, das unsere Hochburg ist, das die meisten Verwaltungsräte und Milliardäre von ganz Paris hat, erscheinen sie, schnüffeln sie uns vor der Nase herum, diese Gespenster der Fahrenden, der Taschenspieler, der kleinen Leute, die krumme Wege gehen, um einen lächerlichen Gewinn einzustecken; diese fleischgewordenen Spukgestalten des Mutwillens, diese liedlosen Sänger und taubstummen Redner, diese Hosen ohne Hintern und Blumen, die Blumen sein sollen, diese Tischklingeln, die man aus dem Busen zieht! Unsere Macht vergeht, wo die fröhliche Bedürfnislosigkeit sich erhält, wo die Dienerschaft verachtungsvoll und störrisch ist und die Verrücktheit hochgeehrt und umschmeichelt wird. Sie brauchen sich nur diese Verrückte anzusehen! Der Kellner macht Kratzfüße vor ihr, ohne daß sie etwas verzehrt, und gibt ihr den besten Platz auf der Terrasse. Das Blumenmädchen bietet ihr eine riesige Schwertlilie kostenlos an, die sie durch die Löcher ihres Mieders zieht... Und Irma springt nur so...! Ich kann mir vorstellen, welchen Skandal ich heraufbeschwörte – selbst als Präsident von weiß Gott was –, wenn ich mir eine Gladiole ins Knopfloch stecken würde und mir einfallen ließe, auf diesem ehrwürdigen Platz, vor dem Zeichen französisch-belgischer Freundschaft mit voller Stimme zu rufen: Meine Knochen und meinen Magen, Irma! *(Er hat laut gerufen. An den anderen Tischen betrachtet man ihn mißbilligend.)*

MAKLER Beruhigen Sie sich, Präsident, und verlassen Sie sich auf mich. Mit diesem Ungeziefer werde ich in zwei Tagen fertig.

PROSPEKTOR Mein Plan ist folgender.

PRÄSIDENT Sprechen Sie leise. Sie sieht zu uns her...

PROSPEKTOR Sie wissen doch, was eine Bombe ist, Präsident?

PRÄSIDENT Man hat mir gesagt, daß sie explodiert.

PROSPEKTOR Wissen Sie, wer in dem kleinen Eckhaus am Quai wohnt?

PRÄSIDENT Leider nein.

PROSPEKTOR Mein Widersacher. Mein einziger Widersacher. Der Ingenieur, der sich seit zwanzig Jahren weigert, Grabungen in Paris und seiner Umgebung zuzulassen. Der einzige Mensch auf dieser Welt, der sich unseren Argumenten verschloß.

PRÄSIDENT Wir sind ganz Ohr! Herrgott, was will der schon wieder!

(Ein kleiner Alter schlängelt sich zwischen den Tischen hindurch. Er ist geschniegelt und gebügelt, trägt Handschuhe und eine kleine Tasche über der Schulter.)

DER ALTE Nur Ihre Gesundheit, oder vielmehr die Gesundheit Ihrer Füße. Füße gut, alles gut. Unterarzt Jadin, ehemals bei der Marine. In Gabon Spezialist für das Ausreißen von Zecken. Heute Spezialist im Entfernen von Hühneraugen und Schwielen. In dringenden Fällen kann Ihnen Martial meine Adresse geben. Sollte ein sofortiger Eingriff nötig sein. bin ich hier an diesem Tisch. Wie geht's der Galle, Martial?

KELLNER Immer voller Steine. Herr Doktor. Man hört sie klappern.

DER ALTE Crepitus crotalis. Das Geräusch der Klapperschlange. Das ist die genaue Diagnose.

KELLNER Einen Pernod?

DER ALTE Meinen Pernod. Meine Pernods. – *(Er gewahrt die Gräfin und ruft ihr zu)* Verehrung, Gräfin! Was macht die linke Niere, wandert sie weniger? *(Die Gräfin verneint.)* Fluctuat nec mergitur. Seien Sie unbesorgt.

PRÄSIDENT Es ist zum Verrücktwerden. Gehen wir woanders hin.

PROSPEKTOR Nein. Hier steht uns noch ein Schauspiel bevor, ganz nach unserem Geschmack. Es muß doch gleich Mittag sein?

PRÄSIDENT In fünf Minuten.

PROSPEKTOR In fünf Minuten wird das Haus unseres Feindes, des Ingenieurs, in die Luft fliegen. Ein junger Mensch, der mir zu Willen sein muß, legt dort eine leichte Sprengladung.

Baron Himmel! Ich merke, Sie lieben moderne Schürfmethoden.

Präsident Sie irren! Das ist eine unserer geläufigsten, obwohl sie etwas von einem Märchen an sich hat! Um einen Schatz zu haben, mußte man von jeher den Drachen töten, der ihn hütet.

Prospektor Gemäß unseren Standesregeln, Baron, erweisen wir den anständigen Leuten die gebührende Ehre, wenn wir im Anstand eine ebenso große Lebensgefahr sehen wie im Verbrechen. Und es gehört zu den unumstößlichen Grundwahrheiten unseres Gewerbes, daß in der Nähe von Erdöl ein Kadaver nicht riecht.

Baron Uns kann die Explosion dort drüben doch nichts anhaben?

Prospektor Seien Sie unbesorgt. Aber drehen Sie sich um! Man beobachtet uns. Tun wir, als ob wir ganz in unser Gespräch vertieft wären. – *(Zum Makler)* Wir hören Ihnen zu. Sie werden uns doch nichts schuldig bleiben wollen . . .

Makler Ich heiße Georges Chopin, ohne mit dem Musiker verwandt zu sein. Ihm verdanke ich bloß meinen Zunamen. Ohne ihn wäre es mir nicht vergönnt gewesen, während meines ganzen Lebens, auf allen meinen Wegen, Sätze zu hören wie »Der Pianist hat uns hineingelegt«, oder »Der Pianist hat noch für zwei Jahre«, oder gar »Schießt auf den Pianisten«. Geboren als Sohn einer armen, aber unredlichen Mutter, die in der Rue Tiquetonne für die Einlösung von Versatzscheinen sorgte, habe ich dieser Frau mein ganzes Leben geweiht. Um ihr ein Mieder nach Maß schenken zu können – sie leidet nämlich an Fettsucht und einer Verkrümmung –, unterließ ich es, eine Brieftasche, die ich auf dem Boden gefunden hatte, bei der Polizei abzugeben. Um ihr eine goldene Tabakdose schenken zu können – sie kaut nämlich Tabak –, habe ich mit achtzehn Jahren bei gewissen Filmaufnahmen mitgewirkt. Um sie in Colombes unterzubringen – sie leidet auch an Asthma –, habe ich sieben Jahre lang für einen Exekutor in Charonne den Hinauswurf zahlungsunfähiger Mieter besorgt. Eine Tätigkeit, die anfänglich viel Mühe macht, bei den heulenden Weibern, den schreienden Kindern und den Mädchen, die ein Möbelstück behalten wollen und sich daran festklammern. Der Gedanke an meine Mutter hat mich aufrecht gehalten. Ich wurde ein Meister in der Kunst, schwache Arme zum Loslassen zu zwingen. Bald hatte ich ein derartiges Renommé, daß ein Kornmakler mich nach Buenos Aires holte, um dreihundert italienische Familien aus einem Wohnblock zu vertreiben, was der Polizei bisher nicht gelungen war. Der 17. April rückte näher, und meine Mutter wünschte sich einen Smaragd, einen Smaragd für eine Männerhand, denn ihre Finger werden Blutwürsten immer ähnlicher. In acht Tagen waren alle Bewohner draußen; aber alle Möbel, und dazu dreihundert Puppen, waren drinnen geblieben. Anläßlich einer Hungersnot im Orient hatte ich zwischendurch in der Stadt einige Kenntnisse im Maklergeschäft und in der Sequestrierung von Getreide erworben und meine wahre Berufung erkannt. Meine Mutter lebt noch; aber der allzu häufige Genuß fetter Speisen und der regelmäßige Schluck Benediktiner nahmen ihr ein wenig das Bewußtsein. Aber an jedem 17. April erkennt sie mich und streckt mir ihre Hand entgegen, um ein neues Geschenk in Empfang zu nehmen – eine Hand, die bereits überladen ist mit Armbändern und Ringen. Ich hoffe, daß der Tag noch sehr fern ist, an dem ich sie meiner geliebten Mutter wieder nehmen muß . . . Ich bin zu Ende . . . Sie sehen, es wird für mich nur ein Kinderspiel sein, Chaillot von dieser Horde zu befreien.

PROSPEKTOR Ausgezeichnet. Es schlägt Mittag . . . Mein Gott, was ist denn das?

(Der Mann vom Rettungsdienst am Pont de l'Alma trägt einen Körper herein.)

Das ist Pierre! Was ist denn los? Sie, was bringen Sie da?

RETTER Einen Ertrunkenen. Meinen ersten Ertrunkenen. Ich bin der neue Wächter am Pont de l'Alma.

KELLNER Der sieht eher aus, als ob ihn einer niedergeschlagen hätte. Seine Kleider sind ja ganz trocken.

RETTER Stimmt; es hat ihn auch einer niedergeschlagen. Er stieg über die Brustwehr, da hab' ich ihm einen Kinnhaken gegeben, damit er sich nicht sträubt. Unsere Vorschriften sind eindeutig: Den Ertrinkenden bewußtlos schlagen, damit er unsereinen nicht mit sich hinunterzieht.

KELLNER Aber er war doch noch auf festem Boden ...

RETTER Das ist der erste, den ich gerettet habe. Ich habe heute morgen meinen Dienst angetreten...

PROSPEKTOR Dieser Idiot von einem Jungen wird uns verraten! Verflucht, wo hat er bloß den Sprengstoff? ...

PRÄSIDENT Wir müssen einen Skandal um jeden Preis vermeiden, sonst fliegt unsere Bankvereinigung auf.

(Der Mann vom Rettungsdienst haucht dem jungen Menschen in den Mund und versucht es mit künstlicher Atmung.)

PROSPEKTOR *(näherkommend)* Was machen Sie da?

RETTER Ich hebe und senke seinen Brustkasten. Ich blase ihm Luft in den Schlund. Vorschrift für die Rettung Ertrunkener ...

PROSPEKTOR Er ist doch gar nicht ertrunken.

RETTER Er glaubt, ertrunken zu sein.

PROSPEKTOR Er glaubt, ertrunken zu sein. Aber er ist auf dem festen Lande ertrunken. Ihre Vorschriften für Leute, die im Wasser ertrunken sind, können also nicht ...

BARON Bravo, Prospektor! Ich verstehe!

MAKLER Das ist doch ein Narr. Fackeln wir nicht lange.

RETTER Wie soll ich denn meine Vorschriften anwenden?

PROSPEKTOR Werfen Sie ihn wieder in die Seine. Warten Sie, bis er wirklich ertrunken ist. Sie werden sich dann genau an Ihre Vorschriften halten können.

RETTER Natürlich. Das ist logisch.

PROSPEKTOR Werfen Sie ihn an genau derselben Stelle, an der er sich über die Brustwehr schwang, wieder ins Wasser. Gerade dort hat der Fluß seine Strudel. Springen Sie ihm nach, aber erst eine Minute später! Sie wollen ihn doch nicht retten, ohne Anerkennung dafür zu verdienen, denke ich?

RETTER Und wenn es mein Leben kosten sollte, nein. Er ist so sympathisch. Aber ich muß Ihnen etwas gestehen: ich kann nicht schwimmen.

PRÄSIDENT Das lernen Sie, wenn Sie bloß erst einmal hineingesprungen sind. Haben Sie etwa atmen gelernt, bevor Sie auf die Welt kamen?

RETTER Natürlich nicht! Also los! . . .

JADIN Verzeihung, meine Herren! Verzeihung, wenn ich mich da einmische; aber mein Beruf macht es mir zur Pflicht, Sie darauf aufmerksam zu machen, daß die Atmung in der Gebärmutter von niemand in Abrede gestellt wird. So konnte dieser Herr am Tag seiner Geburt nicht nur ein- und ausatmen, sondern sogar husten und aufstoßen.

PRÄSIDENT Was will dieser Trottel?

RETTER Ich laufe also Gefahr zu ertrinken?

JADIN Ich habe noch nie gehört, daß man in der Gebärmutter schwimmen kann. Sie werden untersinken wie ein Stück Blei!

PRÄSIDENT Wer hat Sie um Ihre Meinung gefragt? Sie plärren uns die Ohren voll mit Ihrem klinischen Geschwätz . . .

RETTER Verzeihung! Verzeihung, meine Herren. Dieses Geschwätz interessiert mich im höchsten Maß. Die Betreuung von Frauen, deren Kinder auf der Straße zur Welt kommen, gehört auch zu den Kompetenzen der Leute vom Rettungsdienst. Alles, was der Professor mir auf dem Gebiet beibringen kann, ist für das Viertel und für meine Zukunft von lebenswichtiger Bedeutung.

PRÄSIDENT Die sind verrückt!

JADIN Ich stehe Ihnen zu Diensten.

PRÄSIDENT Hallo, Sie, vom Rettungsdienst!

RETTER Stimmt es, Herr Professor, daß man das Häutchen, das manche Kinder bei der Geburt auf dem Kopf haben, an die Zeugen der Geburt verteilen muß?

PRÄSIDENT *(zum Makler)* Wie soll man sie zum Schweigen bringen?

JADIN Genau. Sonst stirbt die Amme noch im selben Jahr. Alle abergläubischen Vorstellungen des Volkes stützen sich auf die kosmische Wahrheit. Bei den Bienen, zum Beispiel, stimmt es ganz genau, daß der Schwarm zugrunde geht, wenn man vergißt, an dem Korb, dessen Besitzer gestorben ist, einen Trauerflor anzubringen.

MAKLER *(zum Retter)* Sie, wenn Sie nicht sofort herkommen ...

RETTER Einen Augenblick! Ich glaube nicht, daß ich für die Bienen zuständig bin ... Aber stimmt es, daß durch eine seltsame Regelwidrigkeit von Zwillingen immer der zuerst stirbt und nichts erbt, der zuerst auf die Welt kam?

JADIN Wenn die Geburt von Zwillingen in der Silvesternacht so stattfindet, daß der eine vor und der andere nach Mitternacht zur Welt kommt, dann hat der ältere Zwilling trotzdem ein Jahr weniger als der jüngere. Er leistet seinen Militärdienst ein Jahr später. Der Kontrolle wegen müssen Königinnen immer vor Zeugen entbinden. Um aber wieder auf die Bienen zurückzukommen, so möchte ich Sie darauf aufmerksam machen, daß alle, die die Wirkung des Bienenstachels gegen Gicht leugnen, ganz gemeine Kerle sind und im Sold der Drogisten stehen.

RETTER Ist das aufregend! Ach, wie nah und wie weit entfernt sind doch die Geheimnisse der Geburt von den Geheimnissen des Rettungsdienstes!

JADIN Die Biene stirbt an ihrem Stich. Die Drogisten werden reich an ihrem Schund. Ich überlasse es Ihnen, wie Sie über das eine und das andere denken!

PROSPEKTOR Wir sind unter die Irren geraten, es gibt keinen Ausweg, und diese Alte beobachtet uns so seltsam. Gleich wird sich die Polizei einmischen. Sehen Sie nur, die Leute bleiben schon stehen. Verschwinden Sie, Präsident. Ich bleibe auf der Lauer und werde diesen Jungen, diesen Verräter, schon fassen, sobald der Weg frei ist ... *(Sie verschwinden.)*

RETTER Damit komme ich zu einer Frage, die mich seit frühester Jugend beschäftigt, Herr Professor, denn, wenn es auch so scheint und trotz meiner sechsundvierzig Jahre, habe ich noch nie Venus geopfert! ... Ist es wahr ...

BARON Zu Hilfe! Zu Hilfe!

RETTER Was ist los?

BARON Auf dem Gehsteig in der Avenue Wilson rufen zwei Damen um Hilfe!

RETTER Zwei Damen? Zur gleichen Zeit! Stehend oder liegend? Bürgersfrauen oder Königinnen?

BARON Unmöglich zu erkennen ... Rasch!

RETTER Kommen Sie mit mir, Herr Professor, ich beschwöre Sie! Ich komme, meine Herren, meine Damen, will ich sagen, ich komme!

(Retter und Unterarzt im Laufschritt ab. Der Prospektor ist nach vorn gekommen. Er wird von Irma, die sich dem bewußtlosen jungen Menschen genähert und seine Hände gefaßt hat, vertrieben.)

IRMA Wie schön er ist! Martial, ist er tot?

KELLNER Halten Sie ihm diesen Spiegel vor den Mund. Wenn ein Hauch darauf zu sehen ist, lebt er.

IRMA Der Hauch ist zu sehen!

KELLNER Dann wird er gleich zu sich kommen ... Meinen Spiegel, bitte.

IRMA Einen Augenblick. *(Sie fährt über den Spiegel, betrachtet sich und macht sich schön. Der Prospektor hat nochmals versucht, sich zu nähern, aber das Geierauge der Irren vertreibt ihn.)* Oh, er öffnet die Augen!

(Pierre hat die Augen aufgeschlagen und betrachtet erstaunt Irma, die seine Hände hält. Vor Erschöpfung macht er die Augen bald wieder zu. Die Irre hat sich erhoben und Irmas Platz eingenommen, die in die Küche gerufen wurde. Wie Irma hält auch sie Pierres Hände. Pierre richtet sich plötzlich auf. Statt Irma, die sein Blick sucht, sieht er die Irre im Schmuck ihrer riesigen Schwertlilie.)

DIE IRRE Sie sehen die Schwertlilie an? Ist sie nicht schön?

PIERRE *(erschöpft)* Sehr schön.

DIE IRRE Der Polizist war so gnädig mir zu sagen, daß sie mir steht. Aber ich habe kein Zutrauen zu seinem Urteil. Gestern hat mir das Blumenmädchen einen Aronstab gegeben; er hat behauptet, daß er mir schlecht steht.

PIERRE Die Schwertlilie steht Ihnen.

DIE IRRE Ich werde es ihm sofort sagen. Er ist bestimmt ganz stolz. Wachtmeister! ...

PIERRE Rufen Sie nicht die Polizei!

DIE IRRE Doch! Doch! Ich habe ihn gestern wegen des Aronstabes angefahren. Ich muß ihn mit der Schwertlilie wieder beruhigen.

PIERRE Lassen Sie mich fort, Madame!
(Sie hält ihn zurück.)

DIE IRRE Bleiben Sie liegen ... Wachtmeister!

PIERRE *(wehrt sich)* Lassen Sie mich fort!

DIE IRRE Auf keinen Fall. Wenn man jemand fortgehen läßt, dann sieht man ihn nie wieder. Ich habe Charlotte Mazamet gehen lassen. Ich habe sie nie wiedergesehen.

PIERRE Ich kann nicht mehr.

DIE IRRE Ich habe Adolphe Bertaut gehen lassen. Ich habe ihn nie wiedergesehen.

PIERRE Mein Gott!

DIE IRRE Nur einmal. Dreißig Jahre später. Auf dem Markt. Er war ganz verändert, er hat mich nicht wiedererkannt. Er hat mir eine Melone vor der Nase weggeschnappt. Es war die einzige reife im ganzen Jahr. Ah. da ist er ja! ... Wachtmeister!

POLIZIST Ich habe keine Zeit, Gräfin.

DIE IRRE Es ist wegen der Schwertlilie. Dieser junge Mann gibt Ihnen recht. Sie steht mir.

POLIZIST Ich muß mich beeilen. Es hat sich einer in der Seine ertränkt.

DIE IRRE Nein. Er liegt auf meinen Knien. *(Der Polizist gewahrt Pierre.)* Er liegt auf meinen Knien. Sie können sich Zeit lassen. Er wird nicht fortgehen. Ich halte ihn so gut wie ich Adolphe Bertaut schlecht gehalten habe. Wenn ich ihn ließe, würde er sich sofort in die Seine stürzen.

PIERRE Bestimmt.

DIE IRRE Er ist viel hübscher als Adolphe Bertaut. Was meinen Sie, Wachtmeister?

POLIZIST Wie soll ich das wissen?

DIE IRRE Ich habe Ihnen sein Bild gezeigt, als Radfahrer mit der Russenmütze.

POLIZIST Ah ja, und mit der Hasenscharte?

DIE IRRE Ich habe Ihnen schon hundertmal gesagt, Adolphe Bertaut hatte keine Hasenscharte. Das ist ein Fehler in der Platte. Sie werden mir noch einmal erklären müssen. wie Sie sich mit Adolphes Großtante, die diese Verleumdung mit der Hasenscharte aufgebracht hat und die

1900 gestorben ist, in ein Gespräch einlassen konnten ... Was machen Sie?

POLIZIST Ich notiere den Namen des Ertrunkenen, seinen Vornamen und sein Geburtsdatum.

DIE IRRE Was hat er denn davon? Wird es ihn hindern, wieder ins Wasser zu springen, wenn man ihm den Tag seiner Geburt sagt?

POLIZIST Er wird ihn mir sagen.

DIE IRRE Er täte nicht gut daran. Ich werde Ihnen meinen Geburtstag auch nicht sagen ... Stecken Sie das Notizbuch ein und trösten Sie ihn ...

POLIZIST Ich soll ihn trösten?

DIE IRRE Den Beauftragten des Staates kommt es zu, denen, die sich töten wollen, das Leben in seiner Herrlichkeit zu zeigen.

POLIZIST Ich soll ihm das Leben in seiner Herrlichkeit zeigen?

DIE IRRE Sie guillotinieren die Mörder. Sie drangsalieren die Gemüsefrauen, die mit dem Karren umherziehen. Sie hindern die Kinder daran, auf die Mauern zu schreiben. Aber gerade Sie wollen, daß im Leben etwas geschieht. gerade Sie finden, daß das Leben sauber und bewundernswert ist ... Sagen Sie es ihm ... Beamte wie Sie regeln das Leben, Sie haben die Pflicht, es auch zu verteidigen ... Wer nur den Frieden behütet, taugt nichts, wenn er nicht auch das Leben verteidigt ...

POLIZIST Selbstverständlich. Sie haben sich ertränkt, junger Mann ...

DIE IRRE Er heißt Fabrice.

PIERRE Ich heiße wirklich nicht Fa ...

DIE IRRE Nennen Sie ihn Fabrice. Es ist zwölf Uhr. Um zwölf Uhr heißen alle Männer Fabrice.

POLIZIST Ausgenommen Adolphe Bertaut.

DIE IRRE Zur Zeit von Adolphe Bertaut zwang die Mode die Frauen, den Mann zu wechseln, wenn sie den Vornamen ändern wollten. Unsere Zeit ist weniger unsauber. Aber Sie sind doch nicht hier, um mit mir über Adolphe Bertaut zu sprechen ... Sie sind hier, um diesen jungen Menschen für das Leben zu interessieren.

PIERRE Das ist nicht so leicht.
POLIZIST Wieso? Die Gräfin hat ganz recht. Was soll das heißen, über die Balustrade zu klettern und sich von hoch oben in einen Fluß zu stürzen?
DIE IRRE Das soll heißen, daß man sich nicht von unten in einen Fluß stürzen kann. In diesem Punkt denkt Fabrice logisch.
POLIZIST Ich weiß nicht, wie ich jemand für das Leben interessieren soll, wenn Sie mich andauernd unterbrechen!
DIE IRRE Ich unterbreche Sie nicht mehr.
POLIZIST Der Selbstmord ist ein Verbrechen wider den Staat, Herr Fabrice. Ein Selbstmörder bedeutet einen Soldaten weniger, einen Steuerzahler weniger ...
DIE IRRE Sind Sie Steuereinnehmer oder Liebhaber des Lebens?
POLIZIST Liebhaber des Lebens?
DIE IRRE Ja. Was gefällt Ihnen denn am Leben, Ihnen persönlich, Wachtmeister? Wenn man sich dafür entschieden hat, sein Vorkämpfer zu sein, wenn man Uniform trägt, dann muß einem das Leben geheime oder offene Freuden bieten ... Erzählen Sie ihm davon ... Sie brauchen deswegen nicht rot zu werden.
POLIZIST Ich werde nicht rot. Ich habe Leidenschaften. Ich liebe das Piquetspiel. Falls das den jungen Mann verlocken kann, soll uns Irma, wenn ich meine Runde gemacht habe, im rückwärtigen Saal eine Partie Piquet zusammenstellen. Eine Partie Piquet mit Glühwein ... Wenn er eine Stunde dafür opfern will.
DIE IRRE Er hat sein Leben opfern wollen. Ist das alles, was die Polizei an Wonnen zu vergeben hat?
POLIZIST Wieso Wonnen? Meinen Sie, daß Thérèse ...?
PIERRE Lassen Sie mich los! Lassen Sie mich los!
DIE IRRE Sie verdienen Ihr Gehalt nicht, Wachtmeister. Ich wette, daß ein junger Mensch, der sich töten will, von seinem Vorsatz bestimmt nicht absteht, wenn er Sie reden hört.
POLIZIST Vielleicht können Sie es besser.
DIE IRRE Bestimmt ... Er kann noch nicht völlig verzwei-

felt sein. Ein junger Mann, der in ein junges Mädchen verliebt ist, das seine Hände gehalten hat und der von ihr geliebt wird ...

PIERRE Das ist nicht wahr! Wie sollte sie mich lieben?

DIE IRRE Sie liebt Sie. Man kann sich lieben, weil man sich an den Händen gehalten hat. Haben Sie die Nichte des Marschalls Canrobert gekannt?

POLIZIST Wie soll er die gekannt haben?

DIE IRRE Er kann sie sehr gut gekannt haben. Alle, die in ihrer Nähe leben, haben sie gekannt. Um sie nicht zu kennen, mußte man ihr geradezu aus dem Wege gehen ... Nein, Fabrice, bleiben Sie.

PIERRE Ich will sterben!

POLIZIST Da haben Sie's. Sie fesseln ihn auch nicht stärker ans Leben als ich.

DIE IRRE Wetten wir! Wetten wir um einen Knopf Ihrer Uniform. Ich brauche ihn für meinen Stiefel. Ich kann mir denken, warum Sie ins Wasser gesprungen sind, Fabrice.

PIERRE Bestimmt nicht.

DIE IRRE Weil der Prospektor von Ihnen ein Verbrechen forderte.

PIERRE Woher wissen Sie das?

DIE IRRE Er hat mir meine Boa gestohlen und jetzt wollte er, daß Sie mich töten.

PIERRE Nein, nein, ich schwöre es Ihnen!

DIE IRRE Er wäre nicht der Erste. Aber so leicht tötet man mich nicht. Aus zwei Gründen: Erstens, weil alle, die zu mir kommen, getötet werden. Wenn sie in Menschengestalt kommen, werden sie von einem Falldeckel erschlagen, und wenn sie in Gestalt von Mäusen kommen, habe ich eine nie versagende Falle mit Speck ... Zweitens: *(Ein zweiter Polizist geht vorüber und sagt zu dem ersten Polizisten, der sich gesetzt hat und Bier trinkt)*

ZWEITER POLIZIST Ich löse dich ab. Laß dich nicht stören.

POLIZIST Gut, ich rette gerade einen Ertrunkenen.

DIE IRRE Und zweitens habe ich keine Lust zu sterben.

PIERRE Sie haben eben Glück ...

DIE IRRE Jeder, der lebt, hat Glück, Fabrice ... Ich gebe

zu, es ist nicht immer gerade lustig, wenn man aufwacht. Wenn man aus dem indischen Kästchen die Haare nimmt, die man am Tag tragen wird, und aus der einzigen Schale, die einem von dem ganzen Service nach dem Umzug aus der Rue de la Bienfaisance geblieben ist, das Gebiß, dann kann man sich wirklich hinieden nicht ganz heimisch fühlen; vor allem wenn man gerade geträumt hat, ein kleines Mädchen zu sein, das auf einem Esel ausritt, um Himbeeren zu pflücken. Es genügt aber, unter der Post einen Brief mit dem Tagesprogramm zu finden, um sich vom Leben wieder angezogen zu fühlen. Am besten schreibt man sich diesen Brief selber, am Tag zuvor. Für heute lauten meine Instruktionen zum Beispiel: Den Unterrock mit einem roten Faden ausbessern, die Straußfedern mit einer nicht zu heißen Brennschere kräuseln, den berühmten Brief schreiben, der schon längst hätte geschrieben werden sollen, den Brief an meine Großmutter ... usw. ... Wenn Sie sich dann das Gesicht mit Rosenwasser gewaschen und mit einer Schicht reinen Stärkemehls abgetrocknet haben – nicht mit Reispuder, der nährt die Haut nicht – und wenn Sie zur Kontrolle Ihren ganzen Schmuck angelegt haben, auch die Miniaturknöpfe der Favoritinnen, und die persischen Ohrringe mit dem Gehänge, mit einem Wort, wenn Sie mit der Toilette für das Frühstück fertig sind und sich – nicht im Spiegel, der ist falsch – sondern in der Rückseite eines kupfernen Gongs sehen, der dem Admiral Courbet gehört hat, dann Fabrice, sind Sie gewappnet, dann sind Sie stark, dann kann ein neuer Tag beginnen ...

(Der junge Mann hat sich auf den Ellbogen gestützt und hört begierig zu.)

Pierre Oh, Madame! Oh, Madame!

Die Irre Und nun gibt es nur mehr Freude und Annehmlichkeiten. Zuerst kommt die Lektüre der Zeitung. Ein und derselben Zeitung natürlich. Sie können sich wohl denken, daß ich nicht die Tagesblätter lese, die nur Lügen und Gemeinheiten verbreiten. Ich lese den ›*Gaulois*‹. Ich werde mir doch mein Leben nicht mit ihren Tagesneuigkeiten versauern lassen. Ich lese stets dieselbe Nummer;

die vom 7. Oktober 1896. Das ist die weitaus beste. Der Artikel über die Männer der Gräfin Diana steht vollständig darin ... Mit dem Nachtrag über die Figur à la Bresant! Unter den letzten Nachrichten ist auch noch der Tod von Léonide Leblanc zu finden! Arme Frau! Jeden Morgen, wenn ich davon lese, gibt es mir einen Stich ... Aber ich kann Ihnen die Nummer nicht leihen. Sie ist vollkommen zerfetzt.

POLIZIST Ist das die Nummer, in der Herr von Barthélemy über seinen Kampf mit der Tigerin berichtet?

DIE IRRE Natürlich!

POLIZIST Eine Tigerin und ein Marquis, fest umschlungen. in einer Pfefferpflanzung!

DIE IRRE Wenn Sie dann Ihre verschiedenen Salze genommen haben – nicht in Wasser, denn man kann sagen, was man will, das Wasser macht Blähungen – nein, mit einem Stück Pfefferkuchen, dann lockt Sie Chaillot, ob die Sonne scheint oder ob es regnet, und Sie brauchen sich nur für den Spaziergang fertig zu machen. Natürlich dauert das eine Weile. Ohne Zofe wird man mit dem Anziehen eines Korsetts, eines Korsettschoners und einer wollenen Unterhose, die alle rückwärts gebunden oder geschnürt werden müssen, nicht in einer Stunde fertig. Ich war bei den Schwestern Callot, sie sollten mir Reißverschlüsse anbringen. Sie waren zwar sehr höflich, aber sie haben nicht gewollt: es sei nicht stilgerecht.
(Der Kellner ist nähergetreten.)

KELLNER Ich kenne einen Galanteriewarenhändler ...

DIE IRRE Jedem seine Lieferanten, Martial. Übrigens weiß ich mir zu helfen, ich binde sie vorne und schiebe sie dann nach hinten. Dann brauche ich nur noch zu überlegen. welche Lorgnette ich nehme, und vergeblich meine Boa zu suchen, die Ihr Prospektor gestohlen hat – ich bin sicher. daß er es war, denn er konnte meinen Blick nicht ertragen – und meinen weißen Sonnenschirm, innen an den Fischbeinrippen zusammenzubinden; er hat nämlich keine Druckfeder mehr, seit ich der Katze, die einer Taube auflauerte, einen Klaps damit gab ... An dem Tag habe ich wirklich etwas geleistet! Das Bild von der Bußkapelle hat sich dabei aus dem Schirmgriff gelöst und ist verloren gegangen . . .

(Irma und die Mehrzahl der Komparsen sind aufgetreten und hören zu.)

IRMA Warum wollen Sie das Rehauge nicht, das ein Mexikaner mir geschenkt hat? Es paßt genau in die Lücke und bringt Glück.

DIE IRRE Danke, Irma. Es geht die Rede, daß diese Augen manchmal wieder zu leben beginnen und weinen. Ich würde mich zu sehr fürchten.

LUMPENSAMMLER Ich habe eine Ansicht von Budapest aus Elfenbein gefunden, ganz klein. Wenn die vielleicht hineinpaßte, man sieht Buda darauf, als ob man selbst dort wäre.

PIERRE Erzählen Sie weiter, erzählen Sie weiter! Ich flehe Sie an!

DIE IRRE Ah, es interessiert Sie also, das Leben?

PIERRE Erzählen Sie doch mehr! Es ist so schön!

DIE IRRE Sehen Sie, es ist schön! . . . Dann kommen die Ringe dran. Mein Ring mit dem Topas, wenn ich beichten gehe. Ich sollte es nicht tun. Man kann sich nicht vorstellen, wie der Topas im Beichtstuhl blitzt. Kommen Sie wieder mit dem Teufelsauge? fragt Abbé Bridet immer. Er lacht, aber nach einer Minute schickt er mich fort. Nie hat er mich bis zu Ende anhören wollen. Vielleicht weil ich mit den Sünden meiner Kindheit beginne. Von meiner ersten Lüge, von meiner ersten Naschhaftigkeit bin ich auf alle Fälle losgesprochen, aber alle anderen Sünden bleiben mir, leider . . . Im Grund ist es nicht gefährlich . . . Was erzählt denn der da? *(Der Taubstumme macht eine Gebärde.)*

IRMA Er sagt, er kennt einen Pfarrer . . .

DIE IRRE Er soll seinen Pfarrer für sich behalten. Ich will nicht mit den Händen beichten, vor allem bei diesem Topas.

PIERRE Was machen Sie dann? Reden Sie, reden Sie, Madame. Ich möchte nicht mehr sterben! . . .

DIE IRRE Meinen Spaziergang, Fabrice. Ich passe auf, was die bösen Leute in Chaillot treiben. Die Leute, die den

Mund in Falten legen, die heimlich in den Häusern Fußtritte austeilen, die Feinde der Bäume, die Feinde der Tiere. Ich sehe, wie sie, um die anderen hinter das Licht zu führen, ins Bad, zum Orthopäden, zum Friseur gehen. Aber sie kommen schmutzig, hinkend und mit falschen Bärten wieder heraus. Tatsächlich sind sie sich noch nicht schlüssig, auf welche Art sie die Platane des Musée Galliera umbringen oder dem Hund des Metzgers in der Rue Bizet einen vergifteten Kloß hinwerfen sollen. Ich erwähne diese beiden Schützlinge, weil ich sie von klein auf kenne. Damit diese Banditen alle Macht verlieren, muß ich sie von links überholen. Das ist schwer, denn das Verbrechen marschiert schnell, aber ich kann auch große Schritte machen. Nicht wahr, meine Freunde, noch nie hat die Platane soviel Flaumhaar getragen, soviel Schoten! Nie ist der Hund des Metzgers in der Rue Bizet munterer herumspaziert!

POLIZIST Und ohne Halsband. Ich werde ihn schon noch kriegen ...

MARTIAL Der Lump stiehlt sogar beim Metzger in der Rue Hyacinthe.

IRMA Mager wird nur der Windhund der Herzogin de la Rochefoucauld.

DIE IRRE Damit hat es eine andere Bewandtnis. Die Herzogin hat ihn von einem Händler gekauft, der nicht seinen wahren Namen wußte. Jeder Hund ohne wahren Namen wird mager ...

LUMPENSAMMLER Ich kann ihr einen Sidi schicken. Die wissen alles über arabische Hunde.

DIE IRRE Schicken Sie ihr einen ... Gute Idee. Sie empfängt dienstags von fünf bis sieben ... Das also ist das Leben, Fabrice. Lockt es Sie endlich?

PIERRE Es ist wunderbar!

DIE IRRE Meinen Knopf, Wachtmeister. Und ich erzähle Ihnen nur vom Morgen. Dabei beginnt erst am Nachmittag das wahre ...

PIERRE Mein Gott, da sind sie!

(Alle zerstreuen sich. Der Prospektor ist herangekommen.)

PROSPEKTOR Ich suche Sie, Pierre.

PIERRE Hier bin ich doch.

PROSPEKTOR Ich frage Sie nicht um Ihre Meinung. Kommen Sie.

PIERRE Gut. Ich komme. Würden Sie, bitte, meine Hand loslassen?

DIE IRRE Nein.

PIERRE Lassen Sie mich, bitte.

DIE IRRE Nein.

PROSPEKTOR Sie werden sofort so freundlich sein, die Hand dieses Herrn loszulassen!

DIE IRRE Nie im Leben, werde ich zu Ihnen freundlich sein.

PROSPEKTOR Dann wird man Sie zwingen, die Hand loszulassen.

(Er will die Hand der Irren ergreifen. Sie wirft ihm ein Feuerzeug an den Kopf.)

PIERRE Madame ...

DIE IRRE Sie, Sie rühren sich nicht! Dieser Eindringling will, daß ich Ihre Hand loslasse. Soll er selber sehn, wie er fertig wird. Ich halte Ihre Hand fest, denn ich werde Sie sofort bitten, mich an Ihrem Arm nach Hause zu führen. Ich bin sehr furchtsam ...

(Sie schlägt den Mann, der nicht abläßt, mit der Tischklingel. Irma erscheint und ergreift die andere Hand Pierres. Der Prospektor verdoppelt seine Anstrengungen. Die Irre pfeift. Der Chasseur, der Polizist, der Lumpensammler und der Taubstumme kommen herbei.)

PROSPEKTOR Wachtmeister!

POLIZIST Was wollen Sie?

PROSPEKTOR Sagen Sie der Frau, sie soll die Hand dieses jungen Mannes loslassen!

POLIZIST Darf ich fragen, weshalb?

PROSPEKTOR Es besteht kein Grund, die Hand eines jungen Mannes festzuhalten, den sie nicht kennt ...

IRMA Den sie nicht kennt! Und wenn es ihr Sohn ist, der ihr in der Wiege geraubt wurde, und den sie soeben wiedergefunden hat?

LUMPENSAMMLER Ihr Sohn oder ihr Bruder. Die Dame ist noch nicht so alt.

DIE IRRE Danke.

LUMPENSAMMLER Ihr Sohn oder ihr Onkel. Ich kenne eine Familie, in der ist die Nichte dreißig alt und der Onkel zwei.

DIE IRRE Schon gut, schon gut, Lumpensammler. Mein Großvater ist er nicht.

PROSPEKTOR Wachtmeister, zum letztenmal: Sorgen Sie dafür, daß die Dame die Hand losläßt, oder ich werde mich beschweren.

(Der Taubstumme macht Zeichen.)

IRMA Der Taubstumme hat recht. Wenn sie in der Hand des jungen Mannes gelesen hat, daß ihm Gefahr droht, erdrosselt zu werden, falls er zwischen zwölf und zwei die Place de l'Alma verläßt?

PROSPEKTOR Sie zwingen mich, Ihre Nummer zu notieren. Wachtmeister.

DIE IRRE Notieren Sie sie ruhig. Nummer 2133. Wenn Sie die Zahlen addieren, ergibt es eine Neun. Die wird Ihnen Glück bringen.

POLIZIST Was soll ich denn tun, damit die Dame die Hand losläßt? Soll ich sie vielleicht kitzeln?

DIE IRRE Versuchen Sie es, mein Freund!

POLIZIST Ich mache bloß Spaß, Gräfin. Sie halten den jungen Mann fest, weil Sie ihn festhalten wollen. Stimmt's? Er ist doch groß genug, um fortgehen zu können, wenn er fortgehen will!

DIE IRRE Ich habe sogar die triftigsten Gründe. Ich halte ihn fest, weil ich nicht will, daß er mit diesem Herrn geht. Ich halte ihn fest, weil es angenehm ist, ihn festzuhalten. Er ist der erste Mann, den ich festhalte. Ich halte ihn fest, weil es ohne Zweifel seit langer Zeit der erste Tag ist, an dem er sich frei fühlt ...

PROSPEKTOR Kommen Sie mit mir, Pierre, oder es gibt was!

PIERRE Lassen Sie mich gehen, bitte.

DIE IRRE Ich halte ihn, weil Irma ihn durch meine Hand hält.

IRMA Oh, Gräfin!

(Pierre läßt sich zurücksinken.)

POLIZIST Also machen Sie, daß Sie weiterkommen. Sie hält niemand fest. Sie können fortgehn.

PROSPEKTOR Bis heute abend, Pierre. Sie wissen, wo. Wir rechnen ab. Falls Sie um acht Uhr nicht zur Stelle sind ... geht der Brief ab.
(Er verschwindet, auch die andern entfernen sich.)

PIERRE Danke ...

DIE IRRE Sie sollen erpreßt werden, was? Haben Sie einen umgebracht?

PIERRE Nie im Leben.

DIE IRRE Auch keinen von denen? Sehr schade! Das nächste Mal überlegen Sie es sich nicht lange ... Haben Sie gestohlen? Wenn es Aktien gewesen wären, Aktien für die Erschließung Unter-Amazoniens, hätten Sie sehr gut daran getan. Sie hätten dann nur Diebe bestohlen. Man hat mich gezwungen, ihnen zwei zu 1000 francs das Stück abzukaufen; für 33 francs bin ich sie wieder losgeworden. – Haben Sie bei schwarzen Messen ministriert?

PIERRE Nein. Ich habe einen Scheck unterzeichnet, der nicht gedeckt war. Seither lassen sie mich nicht mehr los.

DIE IRRE Was treiben diese Banditen? Sie sprechen davon, Chaillot zu zerstören, wenn ich recht verstanden habe?

PIERRE Von Grund auf. Und auch ganz Paris. Sie haben einen Schürfplan, nach dem nichts von der Stadt übrigbleibt. Sie wollen alles durchsuchen, sie wollen alles umgraben. Ihre Bohrmaschinen stehen bereit.

DIE IRRE Was suchen sie? Haben sie irgendwas verloren?

PIERRE Sie suchen Erdöl.
(Die Komparsen sind wieder vollzählig auf der Bühne.)

DIE IRRE Sonderbar! Und was wollen sie damit machen?

PIERRE Was man mit Erdöl machen kann. Elend, Krieg, Häßlichkeit. Eine wertlose Welt.

LUMPENSAMMLER Genau das. Das Gegenteil dessen, was man mit Talg macht.

DIE IRRE Ach, laßt sie in Frieden! Die Welt ist schön und glücklich! Gott hat es so gewollt. Kein Mensch kann daran etwas ändern.

KELLNER Meinen Sie!

DIE IRRE Was haben Sie dagegen einzuwenden, Martial?

KELLNER Müssen wir es sagen, Freunde?

DIE IRRE Was verbergt ihr mir?

LUMPENSAMMLER Sie selbst verbergen sich etwas, Gräfin. Nicht wir!

KELLNER Auf, Lumpensammler. Du bist Ausrufer gewesen! Du kannst reden! Erkläre du es!

ALLE Ja, sprich!

DIE IRRE Ihr macht mir Angst, meine Freunde! Ich bin ganz Ohr, Lumpensammler!

LUMPENSAMMLER Gräfin, früher einmal waren die Lumpen schöner als die Tuchreste: der Mensch verlieh den Dingen, die durch seine Hand gingen, Glanz. An die feinsten Schneider habe ich meine Lumpen weiterverkauft. Von den silbernen Gabeln gar nicht zu reden. Keine Woche verging, in der ich nicht so eine Gabel zusammen mit Austernschalen fand. Ich brauchte nur einen Besteckkasten dazu zu kaufen und das schönste Hochzeitsgeschenk war fertig. Und nicht einmal teuer. Ich werde Ihnen die Adressen geben. Heutzutage lassen die Dinge nur noch ihre Abfälle in den Mülleimern, genau wie die Menschen ...

DIE IRRE Was wollen Sie damit sagen?

LUMPENSAMMLER Stinkende Abfälle, Gräfin. Früher einmal roch alles gut, was der Mensch wegwarf. Wenn sie sagten, der Mülleimer rieche schlecht, dann war es nur, weil es darin nach allem roch: nach Sardinen, Kölnisch-Wasser, Jodoform und Chrysanthemen! Das hat sie verwirrt. Aber wir Lumpensammler ließen uns davon nicht täuschen. Im Winter, wenn Schnee lag und eine feine Dunstwolke aus dem Eimer aufstieg ...

DIE IRRE Ich frage Sie, was wollen Sie damit sagen?

STRASSENSÄNGER Lumpensammler, sage es, sonst singe ich es!

LUMPENSAMMLER Ich will sagen, Gräfin ... Verzeihung, aber ich bringe es nicht über die Lippen ... Ich will sagen, es steht schlecht mit der Welt!

DIE IRRE Was sind das für Geschichten?

LUMPENSAMMLER Wir erleben eine Invasion, Gräfin. Die Welt ist nicht mehr schön, die Welt ist nicht mehr glücklich, wegen dieser Invasion.

DIE IRRE Was für eine Invasion?

LUMPENSAMMLER Sie, — Sie leben in einer Traumwelt.

Wenn Sie am Morgen beschlossen haben, daß die Menschen schön sind, dann werden die beiden Arschbacken, die Ihr Concierge im Gesicht trägt, zu kleinen, süßen Bäckchen, die man küssen möchte. Uns fehlt diese Gabe. Seit zehn Jahren sehen wir sie da und dort auftauchen, und von einem zum anderen Mal werden sie häßlicher und bösartiger.

Die Irre Sie sprechen von den vier Männern, deretwegen Fabrice ins Wasser ging?

Lumpensammler Wenn es nur diese vier wären! Es ist eine Invasion, Gräfin. Früher einmal, wenn man durch Paris lief, da waren die Leute, die man traf, wie man selber war. Sie oder die Leute, es war ein und dasselbe. Die einen waren besser gekleidet, die andern schlechter; sie waren zufrieden oder zornig, sie waren knauserig oder weitherzig, aber sie waren wie Sie. Einer war ein einfacher Soldat, ein anderer Oberst; das war alles. Das war Gleichheit. Vor zehn Jahren aber, eines Tages auf der Straße, da hat sich mir das Herz im Leibe umgedreht. Unter den Vorübergehenden sah ich einen Mann, der nichts mit den gewöhnlichen Menschen gemein hatte. Stämmig, kleiner Bauch, das rechte Auge herausfordernd, das linke unruhig, ein anderer Menschenschlag. Er kam ganz gemächlich daher, aber auf eine merkwürdige Art, drohend und geniert, als ob er einen meiner Stammkunden getötet hätte, um seinen Platz einzunehmen. Er hatte ihn wirklich getötet. Das war der erste. Die Invasion begann. Seither ist kein Tag vergangen, an dem nicht einer meiner alten Bekannten verschwindet und ein neuer Unbekannter an seine Stelle tritt.

Die Irre Wie sehen sie aus?

Lumpensammler Draußen gehen sie mit unbedecktem Kopf; drinnen behalten sie den Hut auf. Sie sprechen aus den Mundwinkeln. Sie laufen nicht, sie eilen nicht. Bevor sie rauchen, klopfen sie mit ihrer Zigarette auf die Zigarettendose; es gibt ein Geräusch wie Donner. Sie haben Falten und Säcke unter den Augen, die wir nicht haben. Man möchte meinen, sie hätten andere Todsünden als wir. Sie haben Frauen, wie wir Frauen haben, nur reicher und gängiger. Sie haben Schaufensterpuppen mitsamt den Pelzen gekauft, ihnen Atem geben lassen und noch etwas dazu! Das sind ihre Ehefrauen.

DIE IRRE Wovon leben sie?

LUMPENSAMMLER Sie haben keinen Beruf. Wenn Sie sich wo treffen, flüstern sie und stecken sich Fünftausendfrankenscheine zu. Man trifft sie auf der Börse, aber sie schreien nicht; bei den Häuserblöcken, die abgerissen werden sollen, aber sie arbeiten nicht; man trifft sie bei den aufgehäuften Kohlköpfen in den Hallen, aber sie rühren nichts an; vor den Kinos, aber sie sehen sich nur die Menschen an, die Schlange stehen und gehen selbst nicht hinein. Früher schienen sich die Lebensmittel, die Theaterstücke selbst zu verkaufen, selber feilzubieten. Heutzutage aber hat man bei allem, was man ißt, was man sieht, was man unternimmt, den Eindruck, sie haben einen ›Makker‹, der sie auf das Pflaster stellt und überwacht, ohne selbst einen Finger zu rühren.

DIE IRRE Und?

LUMPENSAMMLER Nun, die Welt ist voll von Makkern. Sie lenken alles, die verderben alles. Sehen Sie sich die Geschäftsleute an. Sie haben kein Lächeln mehr für uns. Sie achten nur auf die Makker. Der Metzger hängt vom Kalbfleischmakker ab, der Garagenbesitzer vom Benzinmakker, der Obst- und Gemüsehändler vom Grünzeugmakker. Man kann sich gar nicht vorstellen, wie weit dieses Laster geht. Gemüse und Fisch sind bei der Sittenpolizei eingetragen. Ich bin sicher, es gibt einen Schwarzwurzelmakker und einen Makrelenmakker. Fragen Sie Martial. Er kennt sie. Es gibt Makker für alles, was er serviert. Daher wird auch alles teuer, Gräfin. Sie trinken Ihren Weißwein mit Cassis. Von den zwanzig Sous. die er kostet, gehen zwei an den Weißweinmakker und zwei an den Cassismakker. Da sind mir die richtigen Schacherer aber lieber, Gräfin. Denen drücke ich die Hand. Die nehmen ein Risiko auf sich, und außerdem hat es sie schon immer gegeben. Ich kenne Frauen, die sind so versessen auf ihre Makker, wie das Kalb gleichgültig ist gegenüber dem seinen. Verzeihung, Irma . . .

STRASSENSÄNGER Wirst du Irma in Frieden lassen, du Schuft . . .

LUMPENSAMMLER So. Ich habe gesprochen. Die Gräfin weiß alles. Das Zeitalter der Sklaven bricht an. Wir hier sind die letzten Freien. Aber es wird nicht mehr lange währen. Sie haben diese vier Fressen heute gesehen. Der Sänger wird bald mit dem Liedermakker verhandeln müssen und ich mit dem Müllmakker. Das ist dann das Ende.

DIE IRRE Fabrice, ist es wahr, was der Lumpensammler erzählt?

PIERRE Es ist noch schlimmer, Madame.

DIE IRRE Hast du es gewußt, Irma?

IRMA Ja, Gräfin, vom Chasseur. Man muß jedem mißtrauen, man muß sogar den Worten mißtrauen. Er nimmt telefonisch keine Wetten mehr an.

JONGLEUR Nicht einmal die Luft ist mehr so wie sie war. Gräfin. Meine Fackeln verlöschen, wenn ich sie nur ein bißchen in die Höhe werfe. Aber vielleicht liegt es auch am Material.

LUMPENSAMMLER Es gibt einen Sauerstoffmakker.

JONGLEUR Die Tauben fliegen nicht mehr, sie gehen zu Fuß.

DIE IRRE Das sind genau solche Schwachköpfe wie ihr. Warum hast du mir nichts davon gesagt, Irma?

IRMA Was hätten Sie dagegen vermocht?

DIE IRRE Das werden wir sehen, und zwar noch heute abend. Was steht ihr und klagt, statt zu handeln. Könnt ihr das ertragen, eine Welt, in der man nicht glücklich ist. von morgens bis abends? In der man nicht sein eigener Herr ist? Seid ihr etwa feige? Eure Peiniger sind Verbrecher, Fabrice, man braucht sie also bloß zu beseitigen.

PIERRE Es sind ihrer zu viele, Madame.

DIE IRRE Es sind ihrer vier, und wir sind unser zehn. Der Wachtmeister wird uns helfen; sonst schreibe ich dem Präfekten und zeige ihn an!

IRMA Es sind Hunderte, Gräfin. Der Taubstumme kennt sie alle. Sie wollten ihn in ihre Dienste nehmen. Sie nehmen alle Taubstummen in ihre Dienste, um nicht verraten zu werden . . . Sie haben ihn vor die Türe gesetzt, als sie sahen, daß er nicht auch blind war . . . Hören Sie! Er nennt ihre Namen ... *(Der Taubstumme macht Gebärden, Irma übersetzt.)* Die Präsidenten der Verwaltungsräte; die Beauftragten der Verwaltungsräte; die Prospektoren, die wissen, was sie tun; die Nachrichtenmakler; die Generalsekretäre der Konsortien zur Anlage flüssiger Gelder; die Abgeordneten des Departements Alpes-Maritimes, die mit dem Budget von Marokko zu tun haben; alle, denen von den Behörden das Recht verliehen wurde, andern Hab und Gut zu nehmen; Herr Duplat-Vergorat, ohne Beruf ... Herr X, Reklamefachmann, usw., usw.

PIERRE Sie stecken alle unter einer Decke, sie stützen sich gegenseitig. Sie sind miteinander enger verbunden als Bergsteiger durch ihr Seil.

DIE IRRE Um so besser. Daran werden sie zugrunde gehen. Man braucht sie nur alle auf einmal in dieselbe Falle zu locken.

POLIZIST Unmöglich, Gräfin! Sie sind mißtrauisch. Uns von der Sicherheitspolizei gelingt es nie, sie zu fangen. Sobald man ihnen in die Nähe kommt, ändern sie die Form. Ich komme zu einem Beauftragten des Verwaltungsrates, und er wird Präsident; der Präsident wird Ehrenpräsident; der Nachrichtenmakler wird Terminmakler; ich nähere mich einem Abgeordneten, und er wird Minister.

DIE IRRE Wollen Sie mir das Duett aus Gounods »Mireille« vortragen, Herr Wachtmeister? Machen Sie ihnen doch ein Zeichen auf den Hintern, damit Sie sie wiedererkennen. Wo steckt denn dieses dumme Kind, das mir immer Zettel anhängt?

PIERRE Sie haben die Macht. Sie haben das Gold, und sie sind gierig.

DIE IRRE Gierig! Dann sind sie verloren! Wenn sie gierig sind, sind sie einfältig. Wo macht man schlechte Geschäfte? Ausschließlich bei Geschäften. Verlaßt euch auf mich, Freunde, ich habe bereits meinen Plan. Noch heute abend werden Sie frei von Schuld sein, Fabrice. Die Luft wird federn, Jongleur, und der Absinth wird abgabenfrei sein, Martial. An die Arbeit, alle miteinander! Du hast doch Petroleum, Irma?

IRMA Ja, in der Anrichte. Ganz reines Petroleum.

DIE IRRE Ich will unreines, in einem schmutzigen Glas. Sänger, laufen Sie in die Rue du Ranelagh, und sagen Sie Madame Constance Bescheid . . .

DER SCHMUTZIGE HERR *(der sich an einem Nebentisch niedergelassen hat)* Ach ja, die Irre von Passy!

DIE IRRE Was ist denn das für einer?

KELLNER Ein bösartiger Kerl, Gräfin. Er bietet Irma abscheuliche Fotos an und nennt die Damen, Ihre Freundinnen, Irre.

DIE IRRE Sie laufen in die Rue du Ranelagh und sagen Madame Constance, sie solle um zwei Uhr in der Rue de Chaillot sein; aber nicht in meiner Wohnung, sondern in dem Kellergeschoß, in dem ich mit Erlaubnis des Besitzers mein Mittagsschläfchen halten darf. Sie soll aber bestimmt kommen! Sagen Sie ihr, es handle sich um eine Beratung, von der das Glück des Universums abhänge. Sie wünscht der ganzen Welt nur Böses und wird deswegen so schnell wie möglich kommen . . . und daß sie nicht vergißt, Madame Gabrielle einzuladen.

DER SCHMUTZIGE HERR *(immer höhnisch lächelnd)* Ach ja, die Irre von Saint-Sulpice!

STRASSENSÄNGER Soll ich ihm das Maul stopfen?

DIE IRRE Nein, lassen Sie ihn. Man würde ihn sonst nicht wiedererkennen. Wir brauchen ihn noch einmal. Sie wissen, wie man bei Madame Constance Einlaß findet? Nachdem Sie geklingelt haben, müssen Sie dreimal miauen. Sie können doch miauen?

STRASSENSÄNGER Ich belle besser.

DIE IRRE Sehen Sie zu, wie Sie zurechtkommen. Sie werden dafür belohnt werden. Ich glaube, Madame Constance kennt den Text der »Schönen Polin«. Erinnern Sie mich heute abend, daß ich sie darum bitte . . . Ah, da ist ja Irma. Taubstummer, nehmen Sie das Diktat auf.

IRMA *(übersetzt, was der Taubstumme sagt)* Ich bin bereit . . .

DIE IRRE Herr Präsident . . . oder Herr Direktor, oder Herr Syndikus, Sie müssen das der Person entsprechend abändern . . .

IRMA *(übersetzt)* Sie nennen sich alle Präsident.

DIE IRRE Herr Präsident! Wenn Sie sich von den Erdölvorkommen in Chaillot selbst ...

IRMA *(übersetzt)* De visu ...

DIE IRRE Wozu de visu?

IRMA *(übersetzt)* Lateinische Worte machen Briefe zu amtlichen Schriftstücken.

DIE IRRE Schön, also de visu ... überzeugen wollen, deren Qualität Sie nach dem diesem Brief beigeschlossenen mit der erwähnten Flüssigkeit getränkten Wattebausch beurteilen wollen ...

IRMA *(übersetzt)* De olfactu ...

DIE IRRE Das ist tatsächlich verständlicher ... Kommen Sie unverzüglich und so rasch wie Sie können, allein oder mit Ihren Teilhabern und dem Konsortium in die Rue de Chaillot 21. Irma wird Sie am Torweg erwarten und sogleich ...

IRMA *(übersetzt)* De pede ...

DIE IRRE ... zu der Quelle und zu der würdigen Person führen, die deren Alleinbesitzerin ist.

IRMA Verstanden, Gräfin. Der Taubstumme hektographiert. Ich lege einen Wattebausch in jedes Kuvert; bald werden alle verteilt sein.

DIE IRRE Wieviele Kuverts müssen Sie verschicken, Taubstummer?

IRMA Ungefähr dreihundertfünfzig. Wir schreiben nur an leitende Persönlichkeiten.

DIE IRRE Wer wird die Briefe zustellen? Auf keinen Fall darf es der Taubstumme sein! Er bekommt im Durchschnitt neunundneunzig von hundert Kuverts zurück.

IRMA Der Chasseur, mit dem Motorrad.

DIE IRRE Mit der Maschine, die die Luft verpestet? Eine gute Idee! Er soll die Briefe auf den Benzintank legen. Die Lockspeise wird dann noch viel appetitanregender sein ... Ich verlasse euch jetzt. Ich muß für diese Zeremonie meinen roten Mantel anziehen ... Chasseur, meine Boa?

CHASSEUR Die gestohlene?

DIE IRRE Ja. Die mir von diesem Präsidenten gestohlen wurde.

CHASSEUR Ich habe sie noch nicht gefunden, Gräfin. Aber jemand hat mir einen Hermelinkragen dagelassen.

DIE IRRE Hermelin paßt wunderbar zu der Schwertlilie. Ein echter Hermelin?

CHASSEUR Er sieht ganz so aus.

DIE IRRE Bring ihn her. Sie, Fabrice, begleiten mich nach Hause. Doch, doch, Sie werden kommen! Sie sind noch ganz blaß. Ich habe einen alten Chartreuse. Jedes Jahr trinke ich ein Glas davon; im vergangenen Jahr habe ich es vergessen. Jetzt werden Sie es trinken.

PIERRE Wenn ich Ihnen einen Dienst erweisen kann. Madame ...

DIE IRRE Natürlich können Sie mir einen Dienst erweisen. Man glaubt gar nicht, was es alles in einem Zimmer zu tun gibt, das seit zwanzig Jahren von keinem Mann betreten wurde. Sie werden die Schnur der Jalousie in Ordnung bringen, damit ich sie endlich aufziehen kann und am hellen Tag deutlich sehe. Sie werden den Spiegel aus dem Schrank nehmen, damit das Schreckgespenst verschwindet, das mich daraus anblickt. Sie werden die Mausefalle aufklappen; mir ist das zu schwer, und deswegen konnte ich die Maus nicht herausnehmen ... Auch ein paar Fliegen sind zu töten. Das wird Sie den ganzen Nachmittag in Bewegung halten ... *(Zu den andern.)* Bis bald. Es steht uns Schweres bevor, seid alle auf eurem Posten! Gehen wir. – *(Der Chasseur legt ihr den Hermelinkragen um.)* Danke. Das ist ein Kaninchen ... Ihren Arm, Valentin.

PIERRE Valentin?

DIE IRRE Hören Sie nicht, daß es eins schlägt? Um ein Uhr heißen die Männer Valentin.

PIERRE Bitte, Madame. Hier ist mein Arm.

DIE IRRE Oder Valentino. Das ist offenbar nicht dasselbe. Gut, Irma? ... Nun stehen sie vor der Wahl ... *(Sie geht ab. Die andern zerstreuen sich. Irma ist allein geblieben.)*

IRMA Ich heiße Irma Lambert. Ich hasse alles Häßliche, ich liebe nichts so sehr wie das Schöne. Ich bin aus Fursac im Departement Creuse. Ich hasse die Bösen, ich liebe nichts so sehr wie die Güte. Mein Vater war Hufschmied an der Straßenkreuzung. Ich hasse Boussac, ich liebe nichts so sehr wie Bourganeuf. Er sagte, mein Kopf sei viel härter als sein Amboß. Oft träume ich, er schlüge mit dem Hammer darauf und die Funken sprühten. Aber wenn ich weniger starrköpfig gewesen wäre, dann hätte ich nicht meine sieben Sachen gepackt und nie dieses wunderbare Leben gehabt. Zuerst habe ich in Guéret im Gymnasium für Mädchen die Öfen angesteckt. Ich hasse den Abend; ich liebe nichts so sehr wie den Morgen. Dann habe ich in Dun-sur-Auron Hemden für die Schwestern genäht. Ich hasse den Teufel, ich liebe nichts so sehr wie Gott. Dann kam ich hierher, wo ich Geschirrwäscherin bin und donnerstags nachmittags frei habe. Ich liebe nichts so sehr wie die Freiheit, ich hasse die Sklaverei. Geschirrwäscherin in Paris zu sein, das sieht nach nichts Besonderem aus. Das Wort Paris verführt! Es ist schön. Und das scheint zunächst alles zu sein. Aber wer hat mehr Bekannte als eine Geschirrwäscherin? In der Speisekammer, auf der Terrasse, ganz davon zu schweigen, daß ich manchmal der Garderobenfrau aushelfe – ich mag die Frauen nicht allzusehr – ich habe nichts lieber als die Männer. Sie wissen es nicht. Niemals habe ich einem gesagt, daß ich ihn liebe. Ich werde es keinem sagen, nur dem, den ich wirklich liebe. Viele sind mir böse, weil ich schweige. Sie legen mir die Hand auf die Hüfte und glauben, ich sähe es nicht; sie kneifen mich und glauben, ich fühlte es nicht. Sie umarmen mich in den Gängen und glauben, ich wüßte es nicht. Am Donnerstag laden sie mich ein und nehmen mich mit in ihre Wohnung. Sie geben mir zu trinken. Ich hasse Whisky, ich liebe nichts so sehr wie Anisette. Sie legen sich hin und halten mich fest. Sie versuchen alles mögliche. Aber mein Mund bleibt verschlossen. Lieber würde ich mich töten, als zu sagen, ich liebte sie. Sie merken es. Nicht einer, der mich grüßt, wenn er mir wieder begegnet. Die Männer hassen die Feigheit, sie lieben nichts so sehr wie die Würde. Sie ärgern sich und brauchten doch nur die Hände von einem wirklichen Mädchen zu lassen. Was würde der, auf den ich warte, denken, wenn er wüßte, daß ich denen, die mich vor ihm in den Armen hielten, gesagt habe, ich liebe dich? Mein Gott, wie gut habe ich daran getan, meinen Kopf durchzusetzen und Geschirrwäscherin zu werden! Denn er wird kommen, er ist nicht mehr fern. Er hat eine Ähnlichkeit mit dem jungen Mann, den sie aus dem Wasser gezogen haben. Jedenfalls, wenn ich ihn ansehe, dann füllt bereits das Wort meinen Mund, das ich unablässig wiederholen werde bis ins Greisenalter, unablässig, ob er mich streichelt oder schlägt, ob er mich umsorgt oder tötet. Er hat zu entscheiden. Ich liebe nichts so sehr wie das Leben. Ich liebe nichts so sehr wie den Tod.

EINE STIMME Geschirrwäscherin!

IRMA *(erwacht aus ihrem Traum)* Hier!

Vorhang

ZWEITER AKT

Ein als Wohnung eingerichtetes, halbverlassenes Kellergeschoß in der Rue de Chaillot. Die Irre in einem Fauteuil.

IRMA *(meldet an)* Der Kloakenreiniger, Gräfin.

DIE IRRE Du hast ihn gefunden! Mein Gott, ich danke dir! Wir sind gerettet. *(Irma und der Taubstumme exeunt, wie dieser sagen würde.)* Mit den Schuhen in der Hand, Herr Kloakenreiniger?

KLOAKENREINIGER Aus Ehrerbietung, Gräfin.

DIE IRRE Amerikanische Höflichkeit, Herr Kloakenreiniger. Darüber läßt sich viel sagen. Heutzutage entschuldigen sich die Männer, wenn sie einem die Hand geben und den Handschuh anbehalten. Dabei ist es eine Anmaßung zu glauben, ihre Haut fühlte sich angenehmer an als Gemsen- oder Kalbsleder; besonders wenn sie schwitzen. Ich bitte Sie, ziehen Sie Ihre Schuhe an.

KLOAKENREINIGER Meine Füße sind trocken, Gräfin. Dennoch, schönen Dank.

DIE IRRE Herr Kloakenreiniger, wieviele Pariser haben nach Ihrer Ansicht ein unsauberes Gewissen! Denn gerade in Ihren Wirkungskreis haben sie ihren Müll und alle Abfälle ihres Lebens geworfen! Ich nicht. Der Unrat, der auf Ihren Abwässern treibt, enthält nichts, für das ich verantwortlich wäre. Ich verbrenne meine abgeschnittenen Nägel, ich streue meine Asche aus. Mich werden Sie nie dabei ertappen – wie ich einen Staatsrat ertappt habe –, daß ich ein schmutziges Papier samt seinem schmutzigen Inhalt in einen Ihrer Ausgüsse werfe. Ich werfe nur meine Blumen hinein, und selbst die nur, solange sie noch nicht ganz verblüht sind. Wenn Sie heute morgen einen Aronstab auf den Wässern Ihres Kanals treiben sahen, dann habe ich guten Grund zu glauben, daß es der meine war. Ich bin der Ansicht, nichts kann einen stolzer machen als das Bewußtsein, seine Bedürfnisse standesgemäß zu erledigen. Was mich betrifft, so habe ich immer darauf gesehen, daß die Kloaken sauber und wohlriechend sind. Wenn man es nicht merkt, ist es nicht meine Schuld!

KLOAKENREINIGER Man merkt es doch, Gräfin. Wir finden oft Dinge, die nur als Aufmerksamkeit für uns gedacht sein können. Das eine Mal eine Zahnbürste, das andere Mal »Herr Pfarrer bei den Reichen«. Man kann mit allem etwas anfangen. Jedenfalls vielen Dank für den Aronstab.

DIE IRRE Morgen früh werden Sie diese Schwertlilie finden. Nun aber zur Sache, Herr Kloakenreiniger. Irma hat Sie hierher gerufen, weil ich Ihnen zwei Fragen stellen muß.

KLOAKENREINIGER Zu Ihren Diensten, Gräfin.

DIE IRRE Die erste hat mit dem, was mich heute beschäftigt, nicht das geringste zu tun. Reine Neugier. Ist es wahr, daß die Kloakenreiniger einen König haben?

KLOAKENREINIGER O Gräfin, das ist wieder so eine Erfindung der städtischen Straßenarbeiter. Die können nichts anderes, als sich Geschichten über uns Kloakenreiniger auszudenken. Wenn sie sehen, wie wir unter der Erde umhergehen, beneiden sie uns, und dann erzählen sie weiß Gott was! Sie sagen, daß es einen besonderen Schlag Mädchen gebe, die nie das Tageslicht sehen und nur für uns Kloakenreiniger da sind. Das ist völlig falsch, sie steigen jeden Monat einmal hinauf ans Tageslicht. Und dann die Saufgelage! Und die Ratten, die dem Flötenton folgen! Und daß die Kloaken den Sonnenaufgang und den Sonnenuntergang spüren und sich morgens und abends färben! Die Wahrheit ist, daß wir am 14. Juli auf den kleinen überdeckten Flüssen, auf der Grange Batelière und dem Bach von Ménilmontant, die Strömung haben und Wasserfälle bilden, ein Feuerwerk abbrennen. Vielleicht ist einmal eine Rakete durch einen offenen Einstieg geflogen. Das ist alles. Nein ... Wir sind vielmehr eine Demokratie, eine Aristokratie, oder wie man sagt, eine Oligarchie. Wenn wir den 14. Juli feiern, dann geschieht es nur, weil wir keinen König haben.

DIE IRRE Also auch keine Königin?

KLOAKENREINIGER Nicht die geringste. Und was die Verleumdung der Straßenkehrer anlangt, daß wir in den Abwässern Wettschwimmen veranstalten ...

DIE IRRE Ich glaube Ihnen, Herr Kloakenreiniger, und komme nun zu meiner zweiten Frage, denn die Zeit drängt ...

KLOAKENREINIGER Vielleicht, daß im Sommer einmal, unter der Einwirkung der Hundstage ...

DIE IRRE Ich glaube Ihnen. Ich glaube Ihnen. Doch erinnern Sie sich, daß Sie an dem Tage, da ich dieses verlassene Kellergeschoß mit Ihnen ausfindig machte, versprachen, mir ein Geheimnis dieses Raumes zu enthüllen?

KLOAKENREINIGER Das Geheimnis, das die Mauer öffnet?

DIE IRRE Ja, heute brauche ich es.

KLOAKENREINIGER Niemand außer mir kennt es.

DIE IRRE Ich habe es mir gedacht. Ich kenne drei Worte, die alles öffnen, was sich auf ein Wort hin öffnet. Ich habe sie gerade ausprobiert, keins hat gewirkt.

KLOAKENREINIGER Gräfin, es muß aber unter uns bleiben. *(Er drückt gegen die eine Ecke der Säulenplatte. Ein Stück Mauer dreht sich um seine Angel und enthüllt einen Gang, der fast senkrecht nach unten führt.)*

DIE IRRE Wohin führt diese Treppe?

KLOAKENREINIGER Nirgendwohin. Nach sechsundsechzig Stufen kommt man zu einer sternförmigen Kreuzung von Wegen. Und jeder dieser Wege führt in eine Sackgasse.

DIE IRRE Ich steige hinunter. Ich will mir das selbst ansehen.

KLOAKENREINIGER Hüten Sie sich davor. Die Stufen sind so angelegt, daß man zwar leicht hinunter, aber nicht mehr heraufsteigen kann.

DIE IRRE Aber Sie, Sie sind doch heraufgestiegen!

KLOAKENREINIGER Ich habe geschworen, den Kniff nicht zu verraten.

DIE IRRE Man braucht nur zu schreien.

KLOAKENREINIGER Man kann schreien. Sobald das Mauerstück aber wieder an seinem Platz ist, müßte man eine Kanone abfeuern, um gehört zu werden.

DIE IRRE Ausgezeichnet. Gibt es in dieser Höhle zufällig eine Erdölquelle?

KLOAKENREINIGER Nicht die geringste. Nicht einmal einen Tropfen Wasser. Ein paar Ratten für den Hunger, aber sonst muß man damit rechnen zu verdursten.

DIE IRRE Sehr schade. Ich hätte gern eine Erdölquelle gehabt, und zwar reines Erdöl. Oder Kohle, am besten Anthrazit. Oder eine Goldader, ungereinigtes Gold. Oder Diamanten. Sind Sie sicher, daß nichts Derartiges da unten vorkommt?

KLOAKENREINIGER Genauso wenig wie Champignons. Glauben Sie mir, ich habe schon danach gesehen.

DIE IRRE Schade. Und wie schließt die Platte sich wieder?

KLOAKENREINIGER Um zu öffnen, drückt man dreimal auf den Vorsprung der Säulenplatte. Um zu schließen, dreimal auf den Knopf der Kanelierung.

DIE IRRE Macht es was aus, wenn ich gleichzeitig die Worte ausspreche, die alles öffnen?

KLOAKENREINIGER Das kann nur von Nutzen sein.

(Irma erscheint.)

IRMA Madame Constance und Mademoiselle Gabrielle sind da, Gräfin.

DIE IRRE Führe sie herunter.

KLOAKENREINIGER Genau wie diese Geschichte mit der Wäscherei aus Grenelle, Gräfin, die bei uns Fuß gefaßt hätte ... Oh, Verzeihung, meine Damen!

(Er geht ab. Constance, die Irre von Passy, und Gabrielle, die Irre von Saint-Sulpice, treten auf. Constance in einem weißen Kleid mit Volants, Hut à la Marie Antoinette mit kleinen violetten Schleiern. Feste Zugstiefeletten. Gabrielle, gewollt schlicht, mit Toque und Muff nach der Mode von 1880. Sie ist übertrieben stark geschminkt und tut sehr geziert.)

CONSTANCE Um was für ein Wunder geht es, Aurélie? Hat man deine Boa gefunden?

GABRIELLE Adolphe Bertaut hat endlich um deine Hand angehalten. Ich wußte es schon immer!

AURÉLIE Guten Tag, Constance. Guten Tag, Gabrielle. Ich danke euch, daß ihr gekommen seid.

GABRIELLE Sie brauchen sich nicht anzustrengen und zu schreien, Aurélie. Heute ist Mittwoch. Das ist einer der Tage, an denen ich gut höre.

CONSTANCE Nein, heute ist Donnerstag.

GABRIELLE Dann sehen Sie mir bloß richtig ins Gesicht, wenn Sie mit mir sprechen. Donnerstags sehe ich am besten.

CONSTANCE *(läßt einen nicht vorhandenen Hund zur Türe herein)* Komm nur herein, Dicky, aber hör auf zu bellen. Mir platzt ja das Trommelfell. Gleich wirst du die längste Boa und den schönsten Mann von Paris zu sehen bekommen!

AURÉLIE Es geht nicht um meine Boa, Constance. Auch nicht um den armen Adolphe. Es geht um die Welt. Setzt euch und hört mich an.

CONSTANCE Um welche Welt? Die große? Die kleine oder die Halbwelt?

AURÉLIE Mach keine Scherze. Heute ist ein ernster und bedeutungsvoller Tag. Es geht um die ganze Welt. Wir vier müssen einen Entschluß fassen, der sie verändern und in ein Paradies verwandeln kann.

CONSTANCE Hätte das nicht bis morgen Zeit gehabt? Ich war gerade dabei, meine Pantoffeln zu waschen. Gib Ruhe, Dicky!

AURÉLIE Es ist von höchster Dringlichkeit. Ich werde euch alles erklären, sobald Joséphine hier ist. Trinken wir inzwischen den Tee.

GABRIELLE Ich habe Joséphine auf ihrer Bank in den Champs-Elysées getroffen. Sie war nicht fortzubringen. Die Ärmste wartet auf den Präsidenten Carnot.

AURÉLIE Sehr schade. Sie hat ein gutes Urteil.

CONSTANCE Also, wir hören. Willst du zu Tante Aurélie auf den Schoß? Hopp, Dicky.

AURÉLIE Meine liebe Constance, wir mögen dich gern, und wir mögen Dicky gern. Die Stunde ist aber zu ernst für derartige Kindereien.

CONSTANCE Was für Kindereien? Was willst du damit sagen?

AURÉLIE Ich spreche von Dicky. Du weißt, daß er hier stets

gern gesehen ist. Wir sind übereingekommen, ihn so gut aufzunehmen und zu behandeln, als ob er noch am Leben wäre. Die Erinnerung an ihn hat in deinem Kopf eine seltsame Form angenommen. Wir respektieren sie. Aber laß ihn mir gefälligst vom Schoß, wenn ich mit euch über das Ende der Welt reden muß. Sein Körbchen steht noch unterm Schrank. Dort soll er hingehen . . . Und jetzt hört mich an . . .

CONSTANCE Also so weit ist es mit dir gekommen, Aurélie? So weit wie mit meinem Concierge und meinem Notar?

AURÉLIE Und wie weit ist es mit deinem Notar gekommen?

CONSTANCE Genauso weit wie mit dir. Er hielt mich für verrückt wegen Dicky. Um ihn zum Schweigen zu bringen und zu beweisen, daß er lebt, habe ich den armen Dicky ausgestopft bringen müssen. Und du sprichst davon, eine Welt zu retten. Eine Welt, in der jedes tote oder lebendige Wesen jenen schmutzigen Beweis seiner selbst erbringen muß, der sein Körper ist, braucht nicht gerettet zu werden.

AURÉLIE Erzähl keine Geschichten! Du weißt genauso gut wie ich, daß der arme Dicky ein rührendes Übereinkommen zwischen uns ist, nichts weiter. Und übrigens machst einzig du ihn unmöglich. Als du im vergangenen Monat zu deiner Nichte gefahren bist und ihn bei mir gelassen hast, haben wir uns ausgezeichnet verstanden. Sobald du nicht dabei bist, ist er ein vorbildlicher Hund. Er bellt nicht, er frißt nicht. Bist du aber in der Nähe, hört man nur ihn. Ich werde ihn um nichts in der Welt auf meinen Schoß nehmen . . .

GABRIELLE Ich kann ihn auch nehmen, Aurélie. Bei mir ist er ganz stubenrein.

CONSTANCE Tun Sie nicht so scheinheilig, Gabrielle. Sie sind viel zu entgegenkommend, um ehrlich zu sein. Manchmal tue ich, als ob Dicky da wäre, obwohl ich ihn zu Hause gelassen habe. Und dann drücken Sie ihn ans Herz und schmeicheln ihm, als ob er hier wäre.

GABRIELLE Ich liebe Tiere über alles.

CONSTANCE Sie sollten Dicky nicht streicheln, wenn er nicht hier ist. Das ist schlecht . . .

AURÉLIE Gabrielle darf doch wohl . . .

CONSTANCE Oh, Gabrielle darf alles! Gabrielle darf seit vierzehn Tagen behaupten, eine Art Gast zu unseren Zusammenkünften mitzubringen, von dem sie uns nicht einmal den Namen sagt, und der bestimmt nur in ihrer Einbildung existiert . . .

AURÉLIE Wenn du glaubst, daß er deshalb weniger existiert . . .

GABRIELLE Ich bringe ihn gar nicht mit, Constance. Er kommt von alleine. Wir gefallen ihm offenbar . . .

CONSTANCE Warum räuspern Sie sich nicht oder geben uns sonst irgendein Zeichen, wenn Sie glauben, ihn eintreten zu sehen? Ich halte Sie doch immer auf dem laufenden wegen Dicky und dennoch bellt er.

AURÉLIE Was liegt dir daran, wenn du ihn für eine bloße Einbildung hältst? . . . Schweig jetzt . . . Ich beginne . . .

CONSTANCE Gewiß, Einbildung. Aber deswegen ist es nicht weniger unerträglich, sich von einer Einbildung belauscht zu fühlen, von der man vor allem weder Alter noch Geschlecht kennt. Vielleicht ist es ein Kind . . . Ich, die immer alles gerade heraussagt . . .

GABRIELLE Es ist kein Kind . . .

CONSTANCE Das ist noch ein Glück . . . Sehen Sie ihn in diesem Augenblick, Gabrielle?

AURÉLIE Darf ich jetzt einmal etwas sagen? Soll das vielleicht wieder so eine Sitzung werden wie damals, als wir zu beschließen hatten, ob man Joséphines Katze reizen müsse, und trotz aller Anstrengungen nicht einmal bis zu der Frage kamen!

CONSTANCE Kommen wir ruhig zu ihr. Meine Stellungnahme ist ganz eindeutig. Ich werde dich niemals reizen, mein süßer, kleiner Hund.

AURÉLIE Jetzt weint sie. Der Teufel soll sie holen! Ihretwegen wird alles schiefgehen. Trockne deine Tränen. Es ist gut. Ich werde ihn auf den Schoß nehmen.

CONSTANCE Nein, nein, er bleibt hier. Wenn mich der Teufel holen soll, dann bist du ein herzloses Geschöpf. Glaubst du, ich wüßte nicht die Wahrheit über Dicky! Glaubst du, ich hätte ihn nicht lieber zappelnd und lebendig. Du hast deinen Adolphe. Gabrielle hat ihre Vögel. Ich habe nur Dicky. Glaubst du, ich machte mich derart lächerlich, wenn wir ihn in Gedanken nicht immer um uns haben müßten, damit er von Zeit zu Zeit wirklich wiederkehrt? Aber ich werde ihn nicht mehr mitbringen, das nächste Mal . . .

AURÉLIE Fange nicht wieder mit den Geschichten an! Komm her, Dicky . . . Irma wird mit dir auf die Straße gehen . . .

CONSTANCE Nein, nein. Das ist nicht nötig. Außerdem hatte ich ihn gar nicht mitgebracht. Ich habe nur euretwegen so getan.

AURÉLIE Wie du willst. Aber entfernen Sie sich nicht, Irma. Bewachen Sie die Tür.

CONSTANCE Die Tür bewachen! Du machst mir Angst! Was geht hier vor?

AURÉLIE Du wüßtest es bereits, wenn du mir gestattet hättest, auch einmal ein Wort zu sagen . . . Meine Lieben. seit heute morgen, seit heute morgen Schlag zwölf Uhr . . .

CONSTANCE Ach, ist das spannend!

AURÉLIE Schweig . . . Seit heute Schlag zwölf Uhr weiß ich. dank einem jungen Manne, der sich ertränken wollte . . . Ach, gerade fällt mir ein, hast du mir nicht einmal gesagt, daß du die »Schöne Polin« kannst?

CONSTANCE Ja, Aurélie.

AURÉLIE Du kannst sie vom Anfang bis zum Ende?

CONSTANCE Ja, Aurélie.

AURÉLIE Könntest du sie auf der Stelle singen?

CONSTANCE Ja, Aurélie. Aber jetzt will mir scheinen, daß du den Faden verlierst.

AURÉLIE Du hast recht. Zur Sache. Seit heute morgen weiß ich von einer schrecklichen Verschwörung. Banditen wollen Chaillot zerstören.

CONSTANCE Sonst nichts? Dann ziehst du einfach nach Passy. Ich habe mich immer gefragt, warum du in Chaillot wohnst. Es ist das Viertel von Paris, in dem es am Abend die meisten Fledermäuse gibt.

GABRIELLE Sie kommen nach Saint-Sulpice, Aurélie. Jetzt ist das Becken der Fontaine des Evêques voll von quakenden Fröschen. Es ist entzückend.

AURÉLIE Ihr armen Irren, ihr seid doch nicht weniger bedroht als ich! Saint-Sulpice ist der Vernichtung geweiht und auch Passy. Ihr lauft Gefahr, unverzüglich obdachlos zu werden und in Paris wie zwei alte Eulen umherzuirren.

CONSTANCE Wieso wie zwei alte Eulen? Nimmst du dich vielleicht bei dem Vergleich aus?

AURÉLIE Wie drei, wenn du Wert darauf legst.

CONSTANCE Ich habe es gern, wenn du höflich bist.

GABRIELLE Ich verstehe nicht, Aurélie. Warum sollten die Menschen Saint-Sulpice zerstören? Sie haben es doch selber aufgebaut?

AURÉLIE Sie sehen nicht besser als Sie hören, Gabrielle, denn sonst hätten Sie bemerkt, daß die Menschen, die allenthalben so tun, als bauten sie auf, sich insgeheim der Zerstörung widmen. Der allerneueste Bau ist nur der Mannequin einer Ruine. Sehen sie sich bloß die Stadträte und ihre Bauunternehmer an. Was sie als Maurer aufbauen, zerstören sie als Freimaurer. Sie bauen Quais und zerstören damit die Ufer, sehen Sie sich die Seine an; sie bauen Städte und zerstören damit das Land, sehen Sie sich Pré-au-Clercs an; sie bauen das Palais de Chaillot und zerstören das Trocadéro. Sie behaupten, an einem Haus einen Verputz anzubringen; aber das stimmt nicht, ich habe es aus nächster Nähe beobachtet. Mit ihren Schabeisen kratzen sie mindestens ein paar Millimeter ab. Sie kratzen den Weltraum und den Himmel mit ihren Ferngläsern ab und die Zeit mit ihren Uhren. Das Tun der Menschheit ist nichts als ein großangelegter Versuch, alles niederzureißen. Ich meine die Menschheit, soweit sie männlichen Geschlechts ist.

GABRIELLE Oh, Aurélie!

CONSTANCE Warum dieses Wort? Du weißt, Gabrielle erträgt es nicht.

AURÉLIE Erklär es ihr!

CONSTANCE Du willst doch nicht etwa, daß ich Gabrielle, die noch Mädchen ist, meine Hochzeitsnacht erzähle?

AURÉLIE Sie weiß darüber genauso gut Bescheid wie du. Sie hat Kanarienvögel.

GABRIELLE Ich finde, Sie sind sehr ungerecht gegen die Männer, Aurélie. Sie sind edel, sie sind schön, sie sind ohne Falsch. Ich wollte mich nicht verheiraten, aber alle meine Freundinnen sagten mir, sie seien in der Ehe die Zärtlichkeit und die Großmut selber. Der Mann von Berthe Carassut kann sogar Strümpfe stopfen.

AURÉLIE Ach, Sie Arme! Bis heute morgen habe ich gedacht wie Sie, aber der Lumpensammler hat mir die Augen geöffnet. Die Männer sind ganz einfach dabei, sich in gierige Tiere zu verwandeln. Sie haben nicht mehr die Kraft, es zu verbergen. Wer früher den größten Hunger hatte, machte sich als letzter an seine Suppe. Wer sich zurückziehen wollte, tat das mit dem breitesten Lächeln ... Verzeihung, Gabrielle! Als junge Mädchen vergnügten wir uns immer damit, die Betreffenden zurückzuhalten und stundenlang zum Lächeln zu zwingen. Wenn die Männer heute ein Restaurant betreten, gebärden sie sich wie Vielfraße. Beim Metzger könnte man sie für Fleischfresser halten. Beim Milchhändler sind sie bereit, sich stillen zu lassen. Beim Gemüsehändler betragen sie sich wie Kaninchen. Sie verwandeln sich in Tiere – ganz langsam, damit es nicht so sehr auffällt. Früher nahmen sie ehrerbietig unsere Hand, und heute – schaut sie euch bloß an – geben sie die Pfote.

CONSTANCE Würde dich das so sehr stören, wenn die Männer sich in Tiere verwandelten? Ich fände es zauberhaft.

AURÉLIE Ich kann mir dich gut vorstellen. Du wärst bildschön als Kaninchen!

CONSTANCE Wieso als Kaninchen? Ich würde bleiben, was ich bin.

AURÉLIE Männer und Frauen gehören zur selben Gattung, Constance. Wir würden uns mit ihnen wandeln.

CONSTANCE Was hätte das für einen Sinn? Ja, wenn wir jung wären, könnte ich es verstehn. Wegen der Fortpflanzung ... Verzeihung, Gabrielle! Ich habe noch eine Zukunft als alte Frau, nicht die geringste als altes Kaninchen. Im übrigen sehe ich nicht ein, warum mein Mann in ein Kaninchen verwandelt worden wäre, wenn er noch lebte.

AURÉLIE Erinnerst du dich nicht mehr an seine Schneidezähne? Man sah nur sie.

CONSTANCE Du weißt sehr gut, daß ich mich an nichts mehr erinnere, was Octave betrifft. Laß, bitte, das Thema.

AURÉLIE Auch nicht, wie er an seinem Sellerie knabberte?

CONSTANCE Ich erinnere mich an nichts mehr, was Octave betrifft. Ich erinnere mich sehr gut an meine Schwägerin und an ihr falsches Gebiß: Sie hieß Chloé. Aber an nichts, was mit Octave zusammenhängt. Es gibt Tage im Leben, die sind wie Abgründe des Vergessens. An einem solchen Tag mußte ich zuviel an ihn denken und da ist er mir hineingefallen. So klar und deutlich meine Erinnerungen an den Morgen mit Pater Lacordaire sind ...

AURÉLIE Selbstverständlich ... selbstverständlich ... Ich fahre fort ...

CONSTANCE Was soll dieses »selbstverständlich« heißen? Hat mich Pater Lacordaire in den Tuilerien vielleicht nicht in die Arme geschlossen, hat er meine Knie nicht umfaßt?

AURÉLIE Schau mir in die Augen, Constance, und sag uns ehrlich ein für allemal, ob man dir die Geschichte mit Pater Lacordaire erzählt hat oder ob du sie wirklich erlebtest.

CONSTANCE Jetzt beleidigst du mich!

AURÉLIE Wir versprechen, dir dann auch wieder zu glauben, nicht, Gabrielle, aber wir haben die Wahrheit gehört!

CONSTANCE Mir zu sagen, daß meine Erinnerungen mich trügen, ist ein ebenso starkes Stück, wie wenn ich dir sagte, deine Perlen seien falsch!

AURÉLIE Sie sind falsch! Oder besser gesagt, sie waren es ... Nimm dir Butter!

CONSTANCE Ich spreche nicht davon, was sie waren, sondern was sie sind! Sind sie echt, deine Perlen? Ja oder nein?

AURÉLIE Du wirst doch nicht etwa Perlen mit Erinnerungen vergleichen wollen! Jeder weiß, daß Perlen, die man auf der Haut trägt, nach und nach zu echten Perlen werden. Ich habe aber nie gehört, daß eine falsche Erinnerung zur

Wirklichkeit wird, nicht einmal im Hirn einer Mauleselin, wie du eine bist!

CONSTANCE Du wirst unerträglich, Aurélie! Gabrielle hat recht, es gibt noch wahre Männer. Wenn du sie nicht zu sehen vermagst, dann überlaß sie uns. In der Rue de Tournon wird Gabrielle jeden Tag von einem ehemaligen Senator gegrüßt.

GABRIELLE Das ist wahr. Er schiebt einen leeren Kinderwagen und grüßt mich.

AURÉLIE Verlieren wir keine Zeit. Ich berichte weiter. Alles, was diese zweitklassigen Menschen produzieren, ist auch zweitklassig. Sie fabrizieren keinen richtigen Stärkemehlpuder mehr, sondern Talk, nach amerikanischer Art. Wenn ich nicht seit 1914 etwas Vorrat hätte, wäre ich gezwungen, das gleiche auf das Gesicht zu nehmen, was man den Kindern auf den Popo tut. Die falschen Gebisse werden nicht mehr aus echten Zähnen gemacht, sondern aus Zement. Man pflastert uns den Mund. Das Lavendelwasser destilliert man aus Brikett. Du kannst dir also leicht denken, daß sie mit ihren Gefühlen das Gleiche machen wie mit ihren Produkten. Ich getraue mich gar nicht zu fragen, was sie wohl an Stelle ihrer Aufrichtigkeit, ihrer Treue und ihrer Großmut haben. Und ihrer Liebe! Gabrielle, ich flehe Sie an, reagieren Sie nicht auf die Avancen Ihres Senators mit dem Kinderwagen. Wenn er auch der letzte Mann ist, der einen Hut trägt, zittere ich doch bei dem Gedanken, was Sie mit ihm erleben werden.

GABRIELLE Sie können mir glauben, er hat die feinsten Manieren: Manchmal beugt er sogar das Knie, um mich zu grüßen.

AURÉLIE Eben deswegen. Das sind nachher die schlimmsten. Er wird Ihnen Stulpenstiefel anziehen. Er wird Ihnen aus vollem Hals Zoten vorsingen und dabei einen Cancan um Sie herum tanzen. Wenn es nicht gerade einer der Tage ist, an denen Sie taub sind, zittere ich davor. Die Männer haben keine Manieren mehr. Auf den Terrassen der Cafés verlangen sie Zahnstocher. Und sie stochern damit wirklich in den Zähnen herum. Ich habe es gesehen; sie ziehen damit Ochsenfleisch und Zwiebeln heraus. Ich frage mich nur, warum sie nicht auch Ohrlöffel verlangen. Die Straße hat kein Gesicht mehr. Du hast keine Apotheken mehr, sondern Spezereiläden. Du hast keine Spezereiläden mehr, sondern Verkaufsbuden. Geht einmal an dem Tattersall Montaigne vorbei! Da gibt es zwar noch Pferde, aber es riecht nach Benzin, statt nach Mist.

CONSTANCE Verzeih, ich muß dir widersprechen. Die Fleischer haben noch ihre bemalten Vorhänge.

GABRIELLE Sie verschwinden, Constance. Der in der Rue de Quatre-Vents ist verschwunden, mit seinen zwölf Frischlingen, die an der Mutterbache saugten, neben dem Teich, unter dem Mond und dem Blick eines Hirschen. Jetzt hängt dort eine Markise mit Blumengirlanden und den Initialen des Fleischers.

AURÉLIE Gabrielle, machen Sie sich nicht die Mühe, Constance zu antworten. Sie wird um so länger diskutieren, je mehr sie unserer Ansicht zuneigt!

CONSTANCE Welcher Ansicht?

AURÉLIE Was tut der Drogist, wenn du höflich nach echtem Stärkemehlpuder fragst?

CONSTANCE Was er tut? Er setzt mich vor die Tür.

AURÉLIE Wenn ein Leichenbegängnis vorüberzieht, wer im ganzen Zug sieht dir halbwegs anständig und würdig aus?

CONSTANCE Die es sind: die Leichenträger ...

AURÉLIE Was sagt der Schaffner in der Straßenbahn zu dir, wenn du lange brauchst, um dein Geld zu finden?

CONSTANCE Er hängt mir ein Maul an, wie Gabrielle sagen würde.

GABRIELLE Oh, Constance!

AURÉLIE Warum verschanzt du dich in deinem Zimmer und zwingst deine Freundinnen, dreimal zu miauen, bevor du öffnest? Nebenbei bemerkt, wirken Gabrielle und ich sehr interessant, wenn wir dich besuchen und vor deiner Tür einen Kater nachahmen!

CONSTANCE Niemand zwingt euch, gemeinsam zu miauen. Ihr macht einen schrecklichen Lärm! Eine würde reichlich genügen ... Weil es Mörder gibt.

AURÉLIE Ich sehe nicht ein, was einen Mörder daran hindern sollte zu miauen. Aber warum gibt es Mörder?

CONSTANCE Weil es Diebe gibt ...

AURÉLIE Warum gibt es Diebe? Warum gibt es fast nur noch Diebe?

CONSTANCE Weil das Geld die Welt regiert.

AURÉLIE Endlich. Du hast es ausgesprochen. Jetzt haben wir es. Weil wir im Reich des Goldenen Kalbes leben. Sie ahnten bestimmt nichts von diesem Greuel, Gabrielle? Die Menschen beten heutzutage das Goldene Kalb an.

GABRIELLE Das ist entsetzlich ... Weiß man das an höherer Stelle?

AURÉLIE Haltet euch fest, Kinder! An höherer Stelle protegiert man sie! Ein junger Mann hat mir eben erklärt, daß die Minister nur solche Worte für wahr halten, die Golddeckung haben, genau wie bei den Banknoten. Auch die Wahrheit braucht einen Barbestand an ungemünztem Gold. Jetzt versteht ihr vielleicht, weshalb ich euch hierher gerufen habe, meine Lieben! Wir müssen handeln. Um die Welt zur Vernunft zu bringen, können wir nur noch auf unsresgleichen zählen. Weißt du ein Mittel, Constance?

CONSTANCE Mein altes Mittel. Man könnte es versuchen.

AURÉLIE Einen Brief an den Vorsitzenden des Ministerrates?

CONSTANCE Warum nicht? Bisher hat er immer auf mich gehört.

AURÉLIE Antwortet er dir?

CONSTANCE Er braucht mir nicht zu antworten, wenn er tut, was ich ihm sage. Wir könnten ihm eine Rohrpostkarte schreiben und ihn warnen. Ich habe ihn durch Rohrpostkarte darauf aufmerksam gemacht, daß der päpstliche Nuntius keinen Eisschrank hat. Innerhalb von zwei Tagen wurde einer geliefert.

AURÉLIE Hat er etwa deinen Rat befolgt und Luxemburg annektiert?

CONSTANCE Ich weiß inzwischen auch, weshalb nicht: Er war vertraglich gebunden.

AURÉLIE Vertraglich? Geldlich vielleicht! ... Und Sie, Gabrielle, was schlagen Sie vor?

CONSTANCE Du kennst doch Gabrielle. Sie wird dir sofort vorschlagen, ihre Stimmen zu befragen.

GABRIELLE Sehr richtig. Ich werde sie befragen, und wir sehen uns heute abend wieder.

AURÉLIE Dazu haben wir keine Zeit, und im übrigen waren die Stimmen Gabrielles noch nie wirkliche Stimmen.

GABRIELLE Was unterstehst du dich, Aurélie!

AURÉLIE Woher kommen augenblicklich deine Stimmen? Noch immer aus der Nähmaschine?

GABRIELLE Aus meinem Kochkessel. Und das ist mir viel lieber. Ich muß das Unterfutter nicht erst auftrennen, um es nachher wieder anzuheften. Im Augenblick sind sie nicht sehr ermutigend. Gestern wiederholten sie in einem fort, ich sollte meine Kanarienvögel freilassen ... laß sie frei ... laß sie frei ... Und was sie diesen Morgen sagten. hängt irgendwie mit dem zusammen, was Aurélie uns anvertraut hat: Paris ... Angst! Paris ... Angst!

CONSTANCE Hast du sie freigelassen?

GABRIELLE Sie wollen nicht heraus aus dem Käfig. Das Türchen steht offen.

AURÉLIE So etwas nenne ich keine Stimmen. Sprechende Gegenstände sind etwas ganz Normales. Es ist das gleiche Prinzip wie bei den Schallplatten. Die Menschen haben soviel vor ihnen gesprochen, daß sie jetzt ein Echo von sich geben. Aber es ist ein großer Unterschied, ob man eine Stimme nur anhört oder ob man sie auch um Rat fragt. Da wären wir genau so dumm wie diese Schwachköpfe, die Tische rücken ... Nein, die Lösung ist viel einfacher, und es kommt nur auf uns an.

CONSTANCE Offensichtlich. Falls du uns die Ehre erweist. uns um unsere Ansicht zu bitten, dann soll das heißen, du hast bereits einen Entschluß gefaßt!

AURÉLIE Erraten! Ich habe meinen Plan. Es ging darum zu erfahren, wer die Urheber des Übels sind. Seit heute morgen weiß ich es.

CONSTANCE Wer ist es?

AURÉLIE Das spielt keine Rolle. Von dem Taubstummen

habe ich eine vollständige Liste ihrer Namen und Titel. Dann fragt es sich, wie man sie alle an einem Ort zusammenbringen könnte.

CONSTANCE Sie zusammenzutreiben wie Wild?

AURÉLIE Wie Wild. Ich habe die Adresse jedes einzelnen. und ich habe auch den Köder gefunden. In einer Viertelstunde werden sie allesamt hier sein.

GABRIELLE Mein Gott, was werden Sie mit ihnen anfangen?

AURÉLIE Um diese Frage zu entscheiden, seid ihr, meine Lieben, hier. Höre gut zu, Constance! Schau gut her. Gabrielle! Diejenigen, die die Welt aushungern, die unsere Boas stehlen, die den Krieg haben wollen, die die Provisionen einstecken, die unsere jungen Leute verderben, sie alle werden hierher kommen und sich in diesem Raum versammeln. Haben wir das Recht, sie samt und sonders zu beseitigen? Wenn ihr einverstanden seid, habe ich das Mittel dazu!

GABRIELLE Sie zu töten?

AURÉLIE Sie aus der Welt zu schaffen, für immer.

CONSTANCE Die Absicht ist sehr gut, aber haben wir das Recht dazu? Frag zuerst deinen Beichtvater.

AURÉLIE Eines Tages, als ich meinen Drang, alle Bösen umzubringen, beichtete, hat mir Abbé Bridet gesagt: Tun Sie sich keinen Zwang an, mein Kind. Und wenn Sie fest dazu entschlossen sind, werde ich Ihnen Samsons Eselskinnbacken leihen.

CONSTANCE Das hat er nur so gesagt. Nimm ihn einmal beim Wort! ... Wie willst du es anfangen?

AURÉLIE Das ist mein Geheimnis.

CONSTANCE Sie zu töten ist leicht. Aber es muß eine Todesart sein, die keine Spuren hinterläßt. Selbst wenn dir Freunde einen Ofen zum Gipsbrennen oder ein Schwimmbecken voll Salzsäure zur Verfügung stellten, darfst du nicht glauben, daß sie leicht hineinzubringen sein werden. Es gibt nichts Zimperlicheres als Männer. Sie werden sich wie verrückt gebärden.

AURÉLIE Laß mich nur machen.

CONSTANCE Das schlimmste ist, daß wir in jedem Fall eine Geldstrafe riskieren, wenn man ihr Verschwinden bemerkt. Zu schade, daß Joséphine nicht da ist! Sie ist die angeheiratete Großnichte des Rechtsanwalts Lachaud. Sie kennt das Gesetzbuch auswendig.

AURÉLIE Niemand wird etwas merken. Du schreist wie ein Häher, sobald deine Flechte eitert. Denkst du auch daran, wenn du keine Schmerzen hast? Mit den Gebrechen der Welt geht es wie mit den Gebrechen des Menschen. Ist man sie los, sind sie nicht mehr wahr: es gibt keine Seelenwarzen mehr, keinen Windzug im Herzen; die Leute sind gut, anständig und ehrlich, der Himmel ist rein, und das ist alles. Im übrigen wird man nicht mehr Dankbarkeit für mich empfinden, als du für den Erfinder deines Gesichtsbalsams. Ich habe das sichere Gefühl, du hast ihm immer noch nicht geschrieben. Unser Herz wird wieder schnaufen können, die Leute werden gut, anständig und ehrlich sein; das ist alles.

GABRIELLE Aber bedenken Sie nur! Der Tod ist keine Kleinigkeit!

AURÉLIE Der Tod ist so viel wert wie das Leben des Toten wert war. Der Tod eines Taugenichts zählt nicht.

GABRIELLE Man könnte sie notfalls brandmarken oder ihnen ein Ohr abschneiden! Aber töten, das ist ein großes Wort!

AURÉLIE Womit wollen Sie sie brandmarken? Mit Ihrem Waffeleisen? Nein, meine Lieben. Es gibt nur ein Mittel, und es ist mein Mittel: den Tod. Bist du einverstanden, Constance?

CONSTANCE Zuerst noch eine Frage. Ist er hier, Gabrielle? Ja oder nein?

AURÉLIE Was ist denn in dich gefahren?

CONSTANCE Ich frage Gabrielle, ob sie ihren Besucher in diesem Augenblick sieht.

GABRIELLE Ich habe kein Recht, es Ihnen zu sagen!

CONSTANCE Sie sehen ihn. Ich bin ganz sicher. Gerade haben Sie angefangen zu schwatzen und schönzutun. Aber er hat nichts davon, glauben Sie mir. Wenn Sie sich einfach geben, sind Sie viel verführerischer.

AURÉLIE Was kann dir daran liegen, ob sie ihn sieht?

CONSTANCE Was mir daran liegt? Dann werde ich kein

Wort mehr sagen! Ich glaubte, es bliebe dabei, daß wir bei unseren Zusammenkünften stets unter uns sind und Marotten und Privatbesucher zu Hause lassen.

AURÉLIE Aber Dicky bringst du mit!

CONSTANCE Was hat das damit zu tun? Jedenfalls weigere ich mich, eine so schwerwiegende Entscheidung zu treffen und für den Tod auch nur eines Menschen zu stimmen, sobald uns ein Dritter zuhört; selbst wenn er gar nicht existiert.

GABRIELLE Sie sind unhöflich, Constance.

AURÉLIE Verlierst du den Verstand, oder bist du beschränkt genug zu glauben, daß wir allein sind, wenn wir unter uns sind, wie du es nennst? Glaubst du, wir seien geistig so minderbemittelt, wir seien so vertrottelt, daß von den Millionen Wesen, die Unterhaltung oder Freundschaft suchen – mögen sie nun Einbildung sein oder sonst etwas – nicht eines an unsrer Gesellschaft Gefallen findet? ... Außerdem sinkst du tatsächlich in meiner Achtung, Constance, wenn du andauernd in einem Ton mit uns redest, als ob dir der ganze Erdball lauschte – mit seinen wirklichen Bewohnern und den andern. Das zeugt von grenzenloser Heuchelei.

GABRIELLE Bravo, Aurélie!

CONSTANCE Aurélie, du weißt sehr gut ...

AURÉLIE Natürlich weiß ich! Gerade wenn wir unter uns sind, ist das ein Zeichen für sie. Ein Zeichen, das ihnen sagt, in diesem Chaos, dieser Maskerade von Welt gibt es wenigstens einen kleinen Kreis, in dem sie willkommen sind und ruhig sein können. Und sie wissen das sehr genau und nutzen die Gelegenheit! Sie können sich nicht jeden Tag eine alte Schachtel leisten, die sie mit ihren Geschichten von Dicky unterhält. Aber du, du ahnst natürlich nichts davon. Für dich sind wir allein. Hände berühren unsere Hände, unsere Haare, verschieben deine Perücke, aber für dich sind wir allein. Dieses Fenster öffnet sich von selbst, wenn uns zu warm ist; ich finde in meinem Büffet frische Sahne, die niemand hineingestellt hat, aber nein, wir sind allein. Neulich, als du ›Colinette‹

gesungen hast, trällerte ein Brummbaß das Couplet mitten in der Wohnung, aber nein, wir sind allein!

CONSTANCE Aurélie, du weißt ganz genau, daß bei mir ...

AURÉLIE Bei dir, bei dir, aber nicht hier! Immer diese Eitelkeit! Bei dir drängen sie sich offenbar. Du bist nicht bloß Geisterseherin, du bist auch kurzsichtig. Du denkst dir etwas, wenn sie sich amüsieren. Knarrt der Fußboden bei dir, tanzen sie, die Taglioni an der Spitze. Stehst du im Nachthemd vor dem Spiegel des Schranks, ist es Lacordaire. Hast du einen Sack alter Pflaumen in deiner Schublade vergessen, ist es ihr Geschenk zu deinem Namenstag. Manchmal frage ich mich wirklich, ob du nicht eines der Weiber bist, die Gespenster sehn. Ich bedaure, daß Gabrielle ihren Besuch dieser Szene beiwohnen sieht, doch ich kann schon lange nicht mehr, ich platze ...

GABRIELLE Er ist fort.

AURÉLIE Also siehst du. Und nun, da wir unter uns sind, gib mir Antwort! Bist du einverstanden?

CONSTANCE Wenn du so wenig von mir hältst, was fragst du mich dann um meine Meinung?

AURÉLIE Das wirst du gleich erfahren. Dann wirst du auch wissen, weshalb ich gerade dir das schönste Stück Kuchen und meinen besten Honig gebe. Schade, wenn du mir böse bist. Wenn du zu mir kommst, sehe ich dich nämlich nie mit Dicky eintreten. Du brauchst nicht zu lächeln, es ist wahr; ich schwöre es dir. Du kommst nicht mit Dicky, sondern mit einer andern Constance, die dir gleicht wie eine Schwester; nur mit dem Unterschied, daß sie jung und schön ist, sich nie vordrängt, sondern still in eine dunkle Ecke setzt und mich zärtlich betrachtet. Kämst du eines Tages allein, hätte dein Besuch keinen Sinn. Denn gerade dieser Constance, die so voll Takt ist, biete ich die Kuchen an, die du verschlingst, und die Meinung dieses Engels bitte ich dich, mir mit deiner Säuferstimme zu sagen ...

CONSTANCE Adieu. Ich gehe.

AURÉLIE Setz dich wieder hin. Ich brauche die andere, die muß hierbleiben ...

CONSTANCE Niemals, du bist zu ungerecht. Ich nehme sie mit ... Lebwohl!

IRMA *(anmeldend)* Madame Joséphine ...

GABRIELLE Wir sind gerettet!

(Joséphine, die Irre von La Concorde, tritt majestätisch ein. Sie ist halb wie Fallières, halb wie der Papst gekleidet. Weißer breiter Hut aus englischer Stickerei mit Bändern. Volants am Rande.)

JOSÉPHINE Meine lieben Freundinnen ...

AURÉLIE Joséphine, du wirst uns Carnots Ausfahrt ein andermal erzählen. Wir haben sehr wenig Zeit.

JOSÉPHINE Denkt euch, er ist nicht ausgefahren.

AURÉLIE Da er im Jahre 1893 in Lyon von Caserio ermordet wurde, läufst du Gefahr, ziemlich lange warten zu müssen.

JOSÉPHINE *(setzt sich)* Glaubst du vielleicht, ich weiß das nicht? Aber warum sollte ihn das hindern, auszufahren? Caserio, der guillotiniert wurde, spaziert jeden Montag vor Marigny auf und ab.

AURÉLIE Man muß dein Urteil schon aufrichtig schätzen, Joséphine, um sich über deine Extravaganzen hinwegzusetzen und bei dir Rat zu holen. Es handelt sich, kurz gesagt, um folgendes: – deine Verwandschaft mit dem Rechtsanwalt Lachaud gibt deiner Antwort besonderes Gewicht – du hast alle Verbrecher der Welt in diesem Zimmer beisammen. Es liegt in deiner Hand, sie für immer verschwinden zu lassen. Hast du ein Recht dazu?

JOSÉPHINE Selbstverständlich. Warum nicht?

AURÉLIE Bravo!

GABRIELLE Oh, Joséphine, soviele Menschen!

JOSÉPHINE Soviele Menschen! Das ist doch gerade der Reiz des Unternehmens. Wenn man vernichtet, dann muß man im großen vernichten. Sehen Sie sich die Erzengel an. Sehen Sie sich die Militärs an. Überall finden Sie Präzedenzfälle. Ich brauche gar nicht bis zur Sintflut zurückzugehen. In Poitier, wo ich geboren bin, versammelte Karl Martell alle Araber, um ihnen mit seinen Kugeln die Schädel zu zertrümmern. In allen Schlachten verfährt man nach diesem Rezept. Man versammelt alle seine

Feinde an einem Ort, und dann tötet man sie. Müßte man sie in ihrer Familie oder in ihrem Geschäft aufsuchen und einzeln töten, würde man dessen überdrüssig und gäbe es auf. Die Leute fragen sich, wozu die Gestellungspflicht und der Militärdienst erfunden wurde. Nur dazu! Ich hatte nicht daran gedacht, aber es ist eine ausgezeichnete Idee. Ich gratuliere, Aurélie.

GABRIELLE Dann also, einverstanden.

JOSÉPHINE Könntest du es nicht bis morgen aufschieben, Aurélie? Ich würde dir dann noch den Gemüsehändler aus der Rue du Cirque bringen. Er hat mich beispiellos behandelt.

AURÉLIE Ich bedaure. Alles ist bereit.

JOSÉPHINE Dann stelle ich noch eine, allerdings unerläßliche Bedingung, bevor wir handeln. Hatten sie einen Anwalt?

AURÉLIE Einen Anwalt?

JOSÉPHINE Jemand, der befähigt ist, sie zu verteidigen, der versucht, ihre Unschuld zu beweisen. Das Gesetz ist ganz eindeutig. Du kannst kein Urteil fällen, bevor ihr Advokat gesprochen hat!

AURÉLIE Sie sind schuldig, ich schwöre es dir.

JOSÉPHINE Aurélie, jeder Angeklagte hat das Recht, sich zu verteidigen. Sogar ein Tier. Erinnere dich nur an den Hund von Montargis. Und vor der Sintflut ließ Gott Noah für die Menschen plädieren. Der Arme stotterte, scheints. Das Ergebnis kennst du. Was Caserio anlangt, so wurde er von dem Rechtsanwalt Lebicat verteidigt. Bewundernswert sogar. Übrigens mit dem gleichen Ergebnis. Du riskierst also gar nichts.

AURÉLIE Ich möchte sie nicht warnen! Der geringste Verdacht, und sie verschwinden auf Nimmerwiedersehn!

JOSÉPHINE Bestelle einen Offizialverteidiger. Er soll in ihrer Abwesenheit sprechen. Wenn er dich nicht überzeugt, verurteile sie in contumaciam!

AURÉLIE Ich kenne keinen Rechtsanwalt!

JOSÉPHINE Lebicat ist tot. Während eines Plädoyers verschluckte er, ohne dessen gewahr zu werden, den Verschluß einer Mineralwasserflasche. Daran kannst du seinen Schwung ermessen. Als ich die Unannehmlichkeiten mit meinem Kaminbrand hatte, wandte ich mich an einen gewissen Pédouze. Der würde sich sehr gut für sie eignen. Er hat es fertiggebracht, daß ich zu den Kosten verurteilt wurde, obwohl die Zeugen und sogar der Hausbesitzer zu meinen Gunsten aussagten. Ich kann ihn dir ausfindig machen. Lachaud, der Mann meiner Großnichte, hat übrigens Beziehungen zum Gericht. Er kennt Grévy sehr gut.

AURÉLIE Wir haben nur zehn Minuten, Joséphine, knappe zehn Minuten.

CONSTANCE Und Grévy ist tot.

AURÉLIE Wenn du anfängst, die Präsidenten der Republik vor Joséphines Augen sterben zu lassen, wird diese Diskussion nie ein Ende finden!

GABRIELLE Sie kommen, Joséphine! Sie kommen!

JOSÉPHINE Dann nimm den Erstbesten, der gerade vorbeiläuft. Mit der Verteidigung ist es wie mit der Taufe. Man kann zwar nicht darauf verzichten, doch es spielt keine Rolle, wer sie besorgt. Sogar ein Stotterer kann es sein, wie ich schon sagte. Landrus Verteidiger war ein Zwerg. Als er mit dem Plädoyer begann, sagte Ravelle, der Vorsitzende: »Dr. Bertet, hier wird stehend plädiert.« Landru hat schrecklich gelacht. Sag Irma, sie soll uns irgend jemand bringen.

(Irma ist bereits eingetreten.)

AURÉLIE Was gibt's auf der Straße, Irma?

IRMA Nichts! Niemand zu sehn außer dem Polizisten, Gräfin, und unseren Freunden! Sie wittern einen Skandal und sind gekommen, um Ihnen beizustehen.

JOSÉPHINE Nicht den Polizisten! Der steht im Amtseid und kann nicht verteidigen.

GABRIELLE Auch nicht den Taubstummen, denke ich. Man könnte sonst das Urteil für ungültig erklären.

AURÉLIE Ist der Lumpensammler da, der heute vormittag gesprochen hat?

IRMA Er ist da und spricht noch immer. Man hört nur ihn.

AURÉLIE Bring uns den Lumpensammler.

(Irma geht ab.)

CONSTANCE Ist es nicht gefährlich, all die Reichen von einem Lumpensammler verteidigen zu lassen?

JOSÉPHINE Guter Griff. Ein Anwalt, der selber keine Fliege töten könnte, ist der beste Verteidiger von Mördern. Und wer Diebe am besten verteidigt, ist selber der ehrlichste Mensch. Der Verteidiger von Soleilland – man hatte ihn der Satyriasis angeklagt – war Dr. Perruche, der nicht einmal wußte, daß es so etwas gibt. Und er hat ihn gerettet. Nur solche Menschen erzielen Freisprüche!

AURÉLIE Aber wir brauchen gar keinen Freispruch!

JOSÉPHINE Die Gerechtigkeit nimmt ihren Lauf! Du hast es so gewollt!

(Der Lumpensammler tritt auf, von Irma begleitet. Hinter ihm erscheinen alle übrigen, der Jongleur, der Schuhbandverkäufer usw.)

LUMPENSAMMLER Seid mir gegrüßt, Gräfin! Meine Damen, alle Ihnen gebührende Hochachtung ...

AURÉLIE Herr Lumpensammler, hat Irma Ihnen gesagt, um was es geht?

LUMPENSAMMLER Jawohl, Gräfin. Ich habe den Ausbeuter, den Bankier zu verteidigen.

JOSÉPHINE Kennen Sie die Leute gut genug, um sie zu verteidigen?

LUMPENSAMMLER Drei Jahre lang bin ich jeden Morgen an dem Hause von Basil Zaharoff vorübergegangen. Und ob ich ihn kenne! In dem Mülleimer waren nur Blumen! Ihn selbst habe ich nie gesehen, aber an allen Fenstern standen Blumentische mit roten Pflanzen. Und ob ich ihn kenne! Den Namen der Pflanzen weiß ich nicht, aber ich sehe sie noch vor mir.

CONSTANCE Es werden Geranien gewesen sein.

LUMPENSAMMLER Sehr leicht möglich.

CONSTANCE Das spricht übrigens zugunsten all der reichen Leute. Sie haben nichts lieber als Blumen.

LUMPENSAMMLER Glauben Sie?

JOSÉPHINE Gib der Verteidigung keine Anhaltspunkte, Constance.

AURÉLIE Bringen Sie es denn übers Herz, diese Banditen zu verteidigen?

LUMPENSAMMLER Ich möchte Ihnen sogar einen Tipp geben, wie man alles vereinfachen kann ....

AURÉLIE Joséphine, leite du die Verhandlung.

LUMPENSAMMLER Statt als Verteidiger zu sprechen, spreche ich gleich als Ausbeuter. Ich habe dann mehr Kraft und bin selbst viel überzeugter.

AURÉLIE Nur das nicht, nur das nicht!

JOSÉPHINE Sehr vernünftig. Genehmigt!

LUMPENSAMMLER Wie hoch ist mein Vermögen?

AURÉLIE Das müssen Sie festsetzen. Milliarden.

LUMPENSAMMLER Habe ich gestohlen? Habe ich getötet?

AURÉLIE Sie sind sehr wohl dazu imstande.

LUMPENSAMMLER Habe ich eine Frau, eine Geliebte?

AURÉLIE Beides, wie die andern.

LUMPENSAMMLER Ist mir auch lieber. Ich fühle mich dann viel ungebundener. Los!

GABRIELLE Nehmen Sie Tee, Herr Rechtsanwalt?

LUMPENSAMMLER Ist er gut, der Tee?

CONSTANCE Für die Stimme ausgezeichnet. Die Russen trinken nur Tee, und niemand redet mehr als sie.

LUMPENSAMMLER Schön, also einen Tee.

JOSÉPHINE *(zu den an der Tür Stehenden)* Sie können nähertreten! Die Verhandlung ist öffentlich. Deine Klingel, Aurélie . . .

AURÉLIE Und wenn ich Irma rufen muß?

JOSÉPHINE Irma bleibt bei mir. Wenn du sie brauchst, wird sie sich selbst rufen. – *(Sie klingelt.)* Sie haben das Wort, schwören Sie!

LUMPENSAMMLER Ich schwöre, die Wahrheit zu sagen, die volle Wahrheit, nichts als die Wahrheit!

JOSÉPHINE Was schwatzen Sie da? Sie sind nicht als Zeuge hier. Sie sind Anwalt! Sie haben ganz im Gegenteil die Pflicht, alle Schliche zur Verteidigung Ihrer Klienten anzuwenden. Die Lüge, sogar die Verleumdung.

LUMPENSAMMLER Ausgezeichnet. Einverstanden. Bereits beschworen.

JONGLEUR Das wird er sich nicht entgehen lassen, Madame. Er hat eine sichere Hand. Wenn Sie Zähne zu ziehen haben, kann ich ihn sehr empfehlen!

SCHUHBANDVERKÄUFER Er lügt so selbstverständlich wie er atmet. Er hat Irma die Heirat angetragen und ist bereits verheiratet.

LUMPENSAMMLER Ich kann mich scheiden lassen. Wenn man auf dem Standesamt nicht fünfundvierzig Franken für Gebühren von mir verlangen würde ...

JOSÉPHINE *(klingelt)* Schweigen Sie!

LUMPENSAMMLER Wenn aber jemand das Armenrecht für sich in Anspruch nehmen kann ...

JOSÉPHINE Fangen Sie schon an ...

LUMPENSAMMLER Meine Damen, vor dieser erlesenen Versammlung ...

JOSÉPHINE Keine Speichelleckerei. Was ist denn los, Gabrielle?

GABRIELLE Und der heilige Yves? Ruft er nicht zuvor den heiligen Yves an?

LUMPENSAMMLER Ob ich den heiligen Yves anrufe?

GABRIELLE Den Schutzherrn der Advokaten. Lesen Sie seine Lebensbeschreibung! Die Stimme könnte Ihnen versagen.

JONGLEUR Dem nicht, Madame.

JOSÉPHINE Das Gericht stellt es jedem anheim, den heiligen Yves anzurufen, Gabrielle. Beginne das Verhör, Aurélie.

AURÉLIE Herr Lumpensammler ... Oh, Verzeihung. Ich nenne Sie Präsident, nicht? Das ist der Gattungsname.

LUMPENSAMMLER Zu Ihren Diensten, Gräfin ...

AURÉLIE Präsident, Sie wissen, wessen man Sie beschuldigt!

LUMPENSAMMLER Keine Ahnung. Ich verdiene redlich mein Brot, mein Lebenswandel ist makellos, meine Hände sind sauber.

SCHUHBANDVERKÄUFER Nichts in der Hand. Nichts in der Tasche. So ist er.

AURÉLIE Sie sind ein dreister Lügner!

CONSTANCE Du wirst ihn doch nicht beleidigen wollen. Er lügt, weil er dir gehorcht.

AURÉLIE Schweig. Du scheinst überhaupt nichts zu begreifen ... Sie werden beschuldigt, das Geld anzubeten ...

LUMPENSAMMLER Das Geld anzubeten? Mein Gott! Ich bete die Zecherei an, ich gebe mich der Völlerei hin; ich bete die Kasinos an, ich bete die Geranien an, aber nicht das Geld!

AURÉLIE Die Geranien! Da hast du's, Constance. Mit deinen Blumen verschaffst du ihm mildernde Umstände!

JOSÉPHINE Keine falschen Ausflüchte. Antworten Sie!

LUMPENSAMMLER Selbstverständlich werde ich antworten. Meine Damen, vor dieser erlesenen Versammlung ...

AURÉLIE Beten Sie das Geld an? Ja oder nein?

LUMPENSAMMLER Ich das Geld anbeten, Gräfin? Das Geld betet mich an! Leider. Es hat mich dem Schoß einer ehrenwerten Familie in Pré-Saint-Gervais entrissen, da es mich in einem Mülleimer einen zehn Kilo schweren Goldbarren finden ließ. Ich hab' ihn da nicht gesucht, glauben Sie mir. Ein paar alte Sohlen wären mir viel lieber gewesen. Als ich mit diesem Goldbarren die Umgegend von Kremlin-Bicêtre aufgekauft hatte, ließ das Geld den Preis des Bodens von fünf auf viertausend Franken steigen. Und als ich diesen Besitz abstieß, ließ das Geld mich die nordfranzösischen Zuckerraffinerien, das Warenhaus ›Bon Marché‹ und le Creusot kaufen. Geld ist Diebstahl, Schwindel, ich verabscheue es, ich arbeite nicht um diesen Lohn, aber es liebt mich. Man könnte glauben, ich besäße Eigenschaften, die es anziehen. Es liebt die Vornehmheit nicht, ich bin ordinär; es liebt die Intelligenz nicht, ich bin ein Dummkopf; es liebt die Leidenschaftlichen, die Liebenden nicht, ich bin Egoist. Daher hat es mich nicht losgelassen, bis ich vierzig Milliarden beisammen hatte. Es wird mich nie mehr loslassen. Ich bin der ideale Reiche. Ich bin deswegen nicht stolzer, aber ich werde es.

AURÉLIE Ausgezeichnet, Lumpensammler. Sie haben verstanden ...

LUMPENSAMMLER Die Armen sind an ihrer Armut schuld Sollen sie ruhig auch die Folgen tragen. Die Reichen aber tragen keine Schuld an ihrem Reichtum!

AURÉLIE Sie haben es erfaßt, fahren Sie fort ... Ein ganz klein wenig noch, und Ihre Gemeinheit ist nicht zu überbieten ... Wenn Sie sich dieses Geldes schämen, Präsident, warum halten Sie es dann zurück?

LUMPENSAMMLER Ich! Ich halte es zurück?

JONGLEUR Und wie! Du bringst es nicht einmal über dich, dem Taubstummen zwei Sous zu geben!

LUMPENSAMMLER Ich, ich halte es zurück? Was für ein Irrtum! Und was für eine Ungerechtigkeit! Was für eine Schande, als Angeklagter vor dieser erlesenen Versammlung zu stehen! Das Gegenteil ist wahr, Gräfin! Ich verbringe meine Tage damit, das Geld loszuwerden! Ich besitze gelbe Schuhe und kaufe schwarze! Ich habe ein Fahrrad, und ich kaufe ein Auto. Ich habe eine Frau ...

JOSÉPHINE Zur Sache!

LUMPENSAMMLER Ich stehe vor Morgengrauen auf, um in jeden Mülleimer eine klingende Münze zu werfen. Ich habe Zeugen. Man braucht mir bloß nachzugehn. Ich lasse Blumen aus Java kommen, die man vom Elefantenrücken aus pflückt. Und damit keine zerstampft wird, hab ich Anweisung gegeben, die Boys zu Fuß loszuschicken. Für uns Reiche ist es schwierig, kein Geld zu haben! Es läßt uns nicht los! Ich setze auf einen Outsider, und er gewinnt mit zwanzig Längen. Ich kaufe ein Los, und es wird gezogen. Und mit meinen Edelsteinen geht es mir wie mit meinem Gold. Jedesmal, wenn ich einen Diamanten in die Seine werfe, finde ich ihn in dem Weißfisch wieder, den mir meine Oberkellner servieren. Zehn Rotaugen, zehn Diamanten. Auch wenn ich dem Taubstummen zwei Sous gäbe, würde ich meine vierzig Milliarden nicht los! Nun, worin besteht mein Verbrechen?

CONSTANCE Da hat er nicht unrecht.

LUMPENSAMMLER Nicht wahr, liebe Dame. Wenigstens eine, die mich versteht. Ich werde Ihnen einen Strauß schicken, wenn ich freigesprochen bin. Welche Blumen möchten Sie?

CONSTANCE Rosen.

LUMPENSAMMLER Ich werde Ihnen fünf Jahre lang jeden Tag ein Bund schicken. Meine Mittel erlauben es mir.

CONSTANCE Und Amaryllis.

LUMPENSAMMLER Genau wie ich ... Ich werde abwechseln. Ich notiere den Namen.

SCHUHBANDVERKÄUFER Unverschämte Lüge: Er verabscheut Blumen.

JOSÉPHINE Stört doch nicht die Verhandlung. Er verabscheut sie als Lumpensammler! Er liebt sie als Ausbeuter.

SCHUHBANDVERKÄUFER Schön. Aber ich wollte Ihnen nur zeigen, was für ein Kerl das ist.

LUMPENSAMMLER Ja, sie hat recht, die kleine Dame. Ich könnte dem Taubstummen zwanzig Sous, zwanzig Franken, zwanzig Millionen geben – und ich würde meine vierzig Milliarden doch nicht los, nicht wahr, Madame! Überdies verstehen die Armen das sehr gut. Heute morgen habe ich dem Lumpensammler hundert Franken abgenommen, die er unter meinem Tisch gefunden hatte. Er ließ es geschehen: er hatte begriffen.

SCHUHBANDVERKÄUFER Weil er ein ganz großer Trottel ist.

LUMPENSAMMLER Nichts Nachteiliges über die Lumpensammler, wenn ich bitten darf. Ich bin nicht hier, um sie zu verteidigen. Aber wenn man wüßte, welche Schätze an kühner Erfindungsgabe, an geradem Verstand, an unverstandener Dreistigkeit ...

JONGLEUR ... alljährlich an Sauberkeit! Er riecht bis hier, Madame.

JOSÉPHINE Ruhe! Zur Sache, Präsident.

LUMPENSAMMLER Ich bin schon dabei. Wenn ich an der Börse spiele ...

AURÉLIE Sehr gut, sprechen wir von der Börse. Warum haben Sie die Aktien vom Unteren Amazonas für tausend Franken verkauft, um sie innerhalb von acht Tagen auf dreiunddreißig Franken fallen zu lassen?

LUMPENSAMMLER Aus dem einzigen Grund, aus dem ich alles andere auch tat: um Ihnen Vergnügen zu bereiten, Gräfin. Es ist das Ziel meines Lebens, den Damen gefällig zu sein und reiche Leute von ihrem Geld zu befreien.

AURÉLIE Das ist Ihnen gelungen. Ich bin überzeugt, Sie haben alle Aktien bei dreiunddreißig zurückgekauft, und dann sind sie wieder auf tausend gestiegen.

LUMPENSAMMLER Auf zwanzigtausend. Damit habe ich mir Schloß Chenonceaux und den Rosengarten von Bourg-la-Reine gekauft ...

STRASSENSÄNGER Deinen Misthaufen!

LUMPENSAMMLER Damit subventioniere ich das Ritz. Damit halte ich meine zwölf Tänzerinnen aus.

AURÉLIE Sie sind eine traurige Erscheinung, Präsident. Ich hoffe, alle zwölf betrügen Sie!

LUMPENSAMMLER Irrtum! Irrtum! Wann betrügt man jemanden? Wenn man ihn für etwas anderes aufgibt. Die ganze Oper gehört mir. Meine zwölf Tänzerinnen können mich mit zwölf Tänzern, mit dem General-Intendanten, den Maschinisten oder dem Englischhorn betrügen. Auch sie gehören mir. Es ist, als ob sie mich mit mir selbst betrögen. Das läßt mich ganz gleichgültig!

AURÉLIE Eine Schande ist das! Ich hoffe, Sie haben es nicht gehört, Gabrielle?

GABRIELLE Was denn?

AURÉLIE Daß er sich freut, von seinen Tänzerinnen betrogen zu werden. Im übrigen sieht man ihm an, daß er nicht nur diese zwölf hat.

LUMPENSAMMLER Ich habe alle Frauen. Mit Geld hat man alle Frauen. Die Anwesenden natürlich ausgenommen. Die mageren bekommt man mit Gänseleber, die dicken mit Perlen. Die widerspenstige hülle ich in einen Nerz, und während sie sich noch sträubt, findet sie schon den Weg in die Ärmel. Jener, die rasch geht, rufe ich nach, daß sie einen Rolls-Royce haben wird, und sie macht nur mehr kleine Schritte. Sie setzt gerade nur einen Fuß vor den anderen. Einen furchtbar kleinen Fuß! Ich brauche sie dann bloß zu nehmen.

SCHUHBANDVERKÄUFER So ein Lumpenhund!

LUMPENSAMMLER Alle ohne Ausnahme! Auch Irma!

JONGLEUR Nimm dich in acht! Irma hat dir schon als Lumpensammler einen Tritt in den Hintern gegeben.

LUMPENSAMMLER Als Milliardär wird sie mir nachlaufen!

AURÉLIE Nun? Zögerst du noch, Gabrielle? Er ist ein Zyniker! Da siehst du, wohin das Geld führt.

GABRIELLE Es ist wirklich entsetzlich!

LUMPENSAMMLER Wohin das Geld führt? Was werfen Sie ihm vor? Es führt zur Ehrenhaftigkeit. Alle, die ohne Geld Geschäfte gründen, sind nicht vertrauenswürdig. Wenn man unter einem nicht vertrauenswürdigen Unternehmer einen Mann versteht, der kein Geld hat, so bedeutet das, daß Geld eine Tugend ist und kein Laster. Wo Geld in einem Unternehmen steckt, verdienen die Arbeiter, ist das Material solide. Ich greife bloß die Konservenfabriken heraus. Wenn die Leute von Anfang an Geld haben, dann ist jede einzelne Büchse wieder zu verwenden. Selbst die, in denen Thunfisch war und die man mit dem Büchsenöffner aufmacht. Die Fabrik kauft sie dem Lumpensammler wieder ab, für gutes Geld.

AURÉLIE Und das Erdöl? Haben Sie es bisher mit Absicht vermieden, vom Erdöl zu sprechen?

LUMPENSAMMLER Ich spreche nicht vom Erdöl, genauso wie ich nicht von Steinkohle, Baumwolle und Bananen spreche. All das gehört mir. Ich spreche nicht gern von mir; wie ich auch nicht vom Kautschuk spreche. Denn was ich von den alten Konservenbüchsen gesagt habe, sage ich auch von den alten Fahrradschläuchen. Wenn sie aus reichen Häusern kommen, leisten sie einem noch unglaubliche Dienste! Den Sportlern: beim Baden in der Marne. Der Nation: als Luftkissen für die Beamten. Der Liebe: für die Mieder. Ach, meine Freunde, man braucht nur das Maul eines Zehnfrankenscheins neben zwei Zehnsousmünzen zu sehen, um das Geld zu begreifen. Ihr seid alle meiner Meinung, und auch ihr, meine Damen, oder ihr werdet mir eine Schnute ziehen. Es lebe das Geld, Kameraden! Ich trinke meinen Tee auf sein Gedeihen . . . Herrgott, ist der schlecht!

AURÉLIE Was für Pläne haben Sie, wenn Sie in Chaillot das Erdöl finden, das Sie suchen?

LUMPENSAMMLER Ich kaufe Schloß Chambord. Es ist geräumiger. Dann halte ich noch zusätzlich die Tänzerinnen von der Komischen Oper aus. Das wird lustiger. Ich habe nur Pferde für Trabrennen. Ich kaufe Pferde für Hindernisrennen. Ich habe nur Bilder, die auf Leinwand gemalt sind, ich kaufe solche, die auf Holz gemalt sind, die auf Marmor gemalt sind, der ist haltbarer. Ich kaufe Irma!

JOSÉPHINE Was beunruhigt dich, Constance?

AURÉLIE Hast du eine Frage an dieses schmutzige Individuum zu richten?

CONSTANCE Ja, ich möchte wissen, wie man leere Konservenbüchsen lötet. Ich habe gerade zwei.

LUMPENSAMMLER Geben Sie sie mir. Ich werde sie Ihnen schweißen.

JOSÉPHINE Constance, warte das Ende der Verhandlung ab. Ich entziehe dir das Wort. Der Angeklagte hat dich mit seinen Blumen gekauft.

JONGLEUR Dabei versteht er überhaupt nichts davon, Madame. Fragen Sie ihn, wie die Blume heißt, die Sie an Ihrem Mieder tragen. Er wird es Ihnen nicht sagen können.

AURÉLIE Ein ausgezeichneter Gedanke. Wir werden seine Ehrlichkeit auf die Probe stellen! Komm her, Sibylle. *(Das Blumenmädchen kommt näher.)* Zeig ihm deine Blumen, eine nach der anderen. Und sobald er den Namen einer Blume verfehlt, ist unsere Sitzung geschlossen, nicht?

BLUMENMÄDCHEN Diese da?

LUMPENSAMMLER Danke, schönes Kind!

BLUMENMÄDCHEN Fassen Sie sie nicht an! Wie heißt sie?

JONGLEUR Wie heißt sie?

LUMPENSAMMLER Das sage ich nicht! Ich weigere mich! Mich nach dem Namen einer Blume zu fragen, ist genauso, als ob man mich nach dem Namen einer meiner Tänzerinnen fragte. Es sind meine Tänzerinnen. Das ist alles. Ich atme ihren Duft. Ich umarme sie. Es ist meine Tänzerin. Es ist meine Blume! Was liegt mir an ihrem Namen!

SCHUHBANDVERKÄUFER So ein Schmutzfink!

AURÉLIE Damit dürfte das Verfahren wohl geschlossen sein, meine Freunde? Sie alle sind Zeugen, daß er nicht einmal den Namen einer Kamelie weiß. Das Geld ist das Übel der Welt! – *(Man nimmt lärmend gegen den Advokaten Stellung.)* Läßt du jetzt abstimmen, Joséphine?

LUMPENSAMMLER Wieso geschlossen? Ich gehöre zu den zweihundert Familien! Noch nie ist ein Verfahren gegen ein Mitglied der zweihundert Familien geschlossen worden! ...

JOSÉPHINE Ich befehle Ihnen zu schweigen. Die Sitzung ist beendet.

LUMPENSAMMLER Es gibt keinen Befehl, der für die Mitglieder der zweihundert Familien Gültigkeit besäße! Und auch kein Gesetz! Sie kennen sie nicht! Die Durand schießen nachts mit Kartätschen auf Fische. Die Duval baden im Sommer nackt, Männer und Weiber, und wenn es ihnen beliebt, in den Bassins der Concorde. Ein Polizist, der die Mallets aufschreibt, weil ihr Tandem nicht registriert ist, muß mit seiner Versetzung rechnen. Ich kann nicht alles aufzählen. Auf dem Fußballplatz wagt kein Torwächter sich den Boyers entgegenzustellen. Die Mitglieder der zweihundert Familien können den Leuten den Hintern zukehren, man wird ihnen zulächeln und sie umarmen, als ob sie einem ins Gesicht sähen. Man leckt sie am Hintern. Sie wären deswegen nicht stolzer, aber die Lecker fordern es. Deshalb will ich Irma heiraten. Sie ist auch so eine. Sie ist eine Lambert. Du wirst sehen, Irma, unsere Kinder braucht man nicht zu waschen. Es wird genug Lecker geben. *(Er hat Irma gepackt. Die andern treten näher.)* Untersteht euch, mir auch nur ein Haar zu krümmen, oder ihr werdet mit geheimen Verhaftungsbefehlen, mit Galeeren und eisernen Masken Bekanntschaft machen. Die Zweihundert sind nicht bösartig. Aber »wenn man sie angreift, verteidigen sie sich«, das ist ihre Devise. Ich warne alle, die den Versuch machen wollen, sie zu zähmen!

SCHUHBANDVERKÄUFER Achtung, er hat Läuse!

AURÉLIE Soll das eine Erpressung sein?

LUMPENSAMMLER Nein. Eine Warnung!

AURÉLIE Das *ist* Erpressung! Hörst du, Joséphine?

JOSÉPHINE Und eine Beleidigung des Gerichts. Ich hebe die Sitzung auf, zumal auf den Champs-Elysées jemand vorbeikommen wird, den ich sehen muß und der nicht wartet ...

AURÉLIE Das genügt, Sie gefährliches Subjekt. Wenn hier noch jemand im Unklaren war, dann haben Ihre Reden jeden Zweifel behoben. Du mußt ihn natürlich verteidigen, nicht?

CONSTANCE Wenn er sich mit den Mallet verträgt, überlaß ich ihn dir. Die Mallet haben nämlich nie auf die Vermählungsanzeige meiner Tante Beaumont geantwortet.

AURÉLIE Ihr gebt mir also unumschränkte Gewalt über alle Ausbeuter, meine Freunde? *(Zustimmende Rufe.)* Ich kann sie vernichten? *(Zustimmende Rufe.)* Ich kann sie aus der Welt schaffen? *(Zustimmende Rufe.)* Ausgezeichnet. Ich werde mich eures Vertrauens würdig erweisen. Und Ihnen, wackerer Lumpensammler, meinen Dank. Sie waren wahrhaft unparteiisch.

LUMPENSAMMLER Wenn ich es früher gewußt hätte, dann hätte ich mir einmal einen Schluck bei Maxim geleistet. Ich werde wohl einiges vergessen haben.

JOSÉPHINE Keineswegs. Die Ähnlichkeit war verblüffend. Sie haben Berryers Stimme, nur klangvoller. Weiterhin alles Gute! Leben Sie wohl, Herr Lumpensammler. Auf Wiedersehen, Aurélie. Bring alle schön um. Ich begleite die liebe Gabrielle bis zum Pont Alexandre. Wie kommst du nach Passy, Constance?

CONSTANCE Zu Fuß, die Quais entlang. Ach, da bist du ja. Und mit einem blutenden Ohr. Hast du dich wieder herumgebissen? Bestimmt war es eine Dogge. Er kann Doggen nicht ausstehn!

AURÉLIE Du siehst, Dicky war klüger als du. Er ist wiedergekommen. Begleiten Sie sie, Herr Lumpensammler? Sie verliert unterwegs alles, und zwar immer die unpassenden Sachen. Das Gebetbuch auf dem Markt und das Miederleibchen in der Kirche.

LUMPENSAMMLER Es wird mir eine Ehre sein. Ich kann bei der Gelegenheit gleich die Konservenbüchsen ...

STRASSENSÄNGER *(mischt sich ins Gespräch)* Gräfin, Sie hatten mir versprochen ... Und da Madame Constance gerade hier ist ...

AURÉLIE Sie haben ganz recht ... Constance! ... Singen Sie! *(Constance bleibt stehen.)*

STRASSENSÄNGER Soll ich singen?

AURÉLIE Beeilt euch. Meine Zeit ist kostbar.

STRASSENSÄNGER Zu dienen, Gräfin ... *(Er singt)*
Hörst du schon
den ersten Ton
des Teufelsorchesters ...

CONSTANCE Das ist doch die ›Schöne Polin‹! – *(Sie singt)*
Schönste, gestatte den Arm zu legen
ganz zart und verwegen ...

STRASSENSÄNGER Ich bin gerettet! ...

JOSÉPHINE *(ist zurückgekommen und singt das Lied weiter)*
Um deine Taille, die fein
und adrett ist,
um dich, die schön
wie Liebe selber ist!

AURÉLIE Sie kennen es alle! Glück muß man haben, Sänger! ...

GABRIELLE *(ist ebenfalls zurückgekommen und nimmt zusammen mit den beiden andern und dem Sänger den Refrain auf)*
Mußt dich fest an die Brust mir schmiegen,
um im Tanze dahinzufliegen!
Und wie ein Kreisel uns zu drehen!
Springen wir, hoppla!
Das ist Glück, ja!
Stampfe den Boden im Takt der Musik!
Blonde Lodoiska,
leicht wie im Rausch wird die Zeit vergehn
beim Tanz der Mazurka!

JOSÉPHINE Das ist der schönste Abschluß eines Prozesses, den ich je erlebt habe!

IRMA *(tritt rasch auf)* Sie kommen, Gräfin! *(Zu den übrigen)* Ihr müßt fort!
(Alle in höchster Eile ab.)

LUMPENSAMMLER Auf Wiedersehen, Irma. Auf Wiedersehen, mein Herz! Ich kaufe nur den Nerz, dann bin ich wieder da!

IRMA *(die mit der Irren allein geblieben ist)* Sie kommen noch nicht, Gräfin. Aber ich wollte das Zimmer freihaben. Es ist Zeit für Ihr Mittagsschläfchen. Ruhen Sie einen Augenblick. Ich sage Ihnen Bescheid, wenn sie da sind.

DIE IRRE Das schöne Kissen!

IRMA Ich hasse Stroh. Ich habe nichts lieber als Daunen.

(Die Irre schläft ein. Irma geht auf Zehenspitzen ab. Pierre tritt ein, die Boa auf dem Arm. Er betrachtet gerührt die Irre, kniet vor ihr nieder und nimmt ihre Hände.)

DIE IRRE *(stets mit geschlossenen Augen)* Bist du's, Adolphe Bertaut?

PIERRE Ich bin es. Pierre.

DIE IRRE Lüge nicht. Es sind deine Hände. Warum mußt du immer alles komplizieren? Gib doch zu, daß du es bist.

PIERRE Ja, Madame.

DIE IRRE Würde es dir schwer fallen, mich Aurélie zu nennen?

PIERRE Ich bin es, Aurélie.

DIE IRRE Warum hast du mich verlassen, Adolphe Bertaut? War sie so schön – diese Georgette?

PIERRE Tausendmal weniger schön als Sie ...

DIE IRRE War es ihr Geist, der dich anzog?

PIERRE Sie war dumm.

DIE IRRE Also war es ihre Seele? Ihre Transparenz hienieden? Konntest du durch deine Georgette hindurchblicken?

PIERRE Gewiß nicht.

DIE IRRE Genau das habe ich mir gedacht! Genau das machen alle Männer! Sie lieben einen, weil man gut, geistreich und transparent ist, und bei der erstbesten Gelegenheit verlassen sie einen, um einer häßlichen Frau willen, die ohne Glanz ist und undurchsichtig. Warum, Adolphe Bertaut? Warum?

PIERRE Warum, Aurélie?

DIE IRRE Sie war auch nicht sehr reich. Als ich dich auf dem Markt wiedersah und du mir die einzige Melone vor der Nase wegschnapptest, da sah ich, daß deine Manschetten ziemlich verschlissen waren, mein armer Freund!

PIERRE Ja, sie war arm.

DIE IRRE Wieso »sie war«? Ist sie tot? Wenn du nur zurückkommst, weil sie gestorben ist, kannst du wieder gehen! Ich will nichts, was der Tod mir gnädig überläßt. Ich will dich nicht als Erbstück.

PIERRE Es geht ihr sehr gut.

DIE IRRE Sie sind noch immer jung und fest, deine Hände. Sie sind das einzige an dir, das mir treu geblieben ist. Alles übrige ist ziemlich abgenutzt, armer Adolphe. Ich verstehe, daß du dich nur dann in meine Nähe wagst, wenn ich die Augen geschlossen halte! Und das ist gut so.

PIERRE Ja, ich bin alt geworden.

DIE IRRE Ich nicht. Du bist alt geworden wie alle, die den Erinnerungen abschwören und die alten Spuren zertreten. Du bist doch sicherlich mit Georgette im Park von Colombes gewesen? ...

PIERRE Den Park von Colombes gibt es nicht mehr.

DIE IRRE Um so besser. Gibt es den Park von Saint Cloud und den Park von Versailles noch? Wenn es gerecht auf dieser Welt zuginge, dann hätten sich alle Bäume davongemacht, als du mit Georgette hinkamst.

PIERRE Sie haben getan, was sie konnten. Viele sind nicht mehr.

DIE IRRE Bist du mit ihr auch ins Vaudeville gegangen, um »Denise« zu hören?

PIERRE Es gibt kein Vaudeville mehr. Es hat Ihnen die Treue gewahrt.

DIE IRRE Seit jenem Abend, als wir aus »Denise« kamen, bin ich nicht wieder um die Ecke der Rue Bizet gebogen, wo ich an deinem Arm ging. Ich nehme jetzt meinen Weg über die Place des Etats-Unis. Im Winter ist das schwierig wegen des Glatteises. Ich falle regelmäßig ein, zweimal hin.

PIERRE Liebe Aurélie ... Verzeihung!

DIE IRRE Nein! Ich werde dir nie verzeihen! Du hast Georgette überall da hingeführt, wo auch wir gewesen sind, zu Bullier, ins Hippodrome! Du hast sie in die Maschinengalerie geführt, um ihr das Portrait Mac-Mahons in Chromstahl zu zeigen!

PIERRE Ich schwöre Ihnen ...

DIE IRRE Schwöre nicht! Du hast ihr bei Stern Karten

stecken lassen! Du hast ihr bei Gouache Schokolade gekauft! Und nichts ist davon geblieben, oder? Ich habe noch alle meine Karten. Außer einer, die ich General Boulanger geschickt habe. Ich habe noch zwölf Tafeln Schokolade! Ich werde dir nie verzeihen!

PIERRE Ich liebte Sie, Aurélie.

DIE IRRE Du liebtest mich! Bist du auch schon tot?

PIERRE Ich liebe Sie, Aurélie.

DIE IRRE Dessen bin ich sicher. Du liebst mich. Das hat mich auch getröstet, als du fortgingst. Er ist bei Bullier in den Armen Georgettes, aber er liebt mich. Er wird mit Georgette »Denise« sehn, aber er liebt mich. Sie hast du nicht geliebt, das ist ganz klar! Ich habe es niemals geglaubt, als man mir erzählte, Georgette sei mit dem Orthopäden auf und davon. Du hast sie nicht geliebt und deswegen ist sie geblieben. Und als sie zurückkam, und man mir sagte, sie sei wieder fort, mit einem Geometer, da habe ich es erst recht nicht geglaubt. Du wirst sie niemals loswerden, Adolphe Bertaut, denn du liebst sie nicht ... Das ist deine Strafe.

PIERRE Vergessen Sie mich nicht. Lieben Sie mich.

DIE IRRE So ... und jetzt geh, für immer. Leb wohl ... Ich weiß nun, was ich wissen wollte. Gib meine Hände dem kleinen Pierre. Gestern habe ich ihn gehalten. Jetzt ist die Reihe an ihm ... Geh!

(Pierre zieht seine Hände zurück. Dann nimmt er wieder die Hände der Irren. Stille.)

DIE IRRE *(öffnet die Augen)* Sie sind es, Pierre! Um so besser. Er ist nicht mehr hier?

PIERRE Nein, Madame.

DIE IRRE Ich habe ihn nicht einmal fortgehn hören ... Ja, fortgehn ... fortgehn kann er. Mein Gott, die Boa!

PIERRE Ich habe sie im Spiegelschrank gefunden.

DIE IRRE Zusammen mit einer Einkaufstasche aus malvenfarbenem Plüsch?

PIERRE Ja, Madame.

DIE IRRE Mit einem kleinen Nähzeug?

PIERRE Nein, Madame.

DIE IRRE Sie haben Angst, Pierre. Sie zittern vor Angst.

Sie bringen mir alles zurück, was sie mir gestohlen haben! Ich öffne zwar nie den Spiegelschrank – wegen dieser alten Frau –, doch ich sehe alles, was er enthält, durch die Scheiben. Gestern war er noch leer! Sie wollten mich besänftigen. Aber da sollen sie sich geirrt haben! Woran mir am meisten liegt, das ist mein Nähzeug, das ist, was sie mir als Kind gestohlen haben ... Sind Sie sicher, Pierre, daß sie es nicht wiedergebracht haben?

PIERRE Wie sieht es aus?

DIE IRRE Eine grüne Schachtel mit goldenen Rändern und gotischen Fenstern aus Papierspitzen für die Perlen und die Stickgaze. Ich war sieben Jahre alt, als ich es zu Weihnachten bekam. Einen Tag später haben sie es mir gestohlen. Ein ganzes Jahr lang mußte ich weinen.

PIERRE Im Schrank ist es nicht!

DIE IRRE Der Fingerhut war vergoldet. Ich habe mir geschworen, keinen andern anzuschaffen. Sehen Sie, meine armen Finger!

PIERRE Auch ihn haben sie behalten.

DIE IRRE Ich bin entzückt darüber. Jetzt habe ich freie Hand. Dank für die Boa, Pierre! Geben Sie sie mir. Sie sollen sie an meinem Hals sehen ... und für eine wirkliche Boa halten! ...

IRMA *(tritt aufgeregt ein. Sie trägt eine Karaffe mit Wasser und Gläser)* Sie sind da, Gräfin! Sie kommen, einer hinter dem andern! Die ganze Straße ist voll!

DIE IRRE Lassen Sie mich allein, Pierre. Ich habe nichts zu fürchten. Irma, hast du auch ein bißchen Petroleum in die Karaffe gegossen?

IRMA Ja, Gräfin, und ich werde ihnen sagen, Sie seien taub. Wie Sie es mir befohlen haben.

(Sobald die Irre allein ist, drückt sie dreimal auf das Ende der Säulenplatte. Die Mauer öffnet sich. Man sieht den Eingang zum Verlies.)

IRMA *(meldet an)* Die Herren Präsidenten der Verwaltungsräte! *(Sie treten unter Führung des Präsidenten aus dem ersten Akt auf. Sie haben englische Schnurrbärte und sind gekleidet wie der Prinz von Wales. Zigarren.)*

Die Gräfin hört sehr schlecht. Sprechen Sie recht laut, meine Herren.

PRÄSIDENT Ich danke Ihnen, daß Sie uns gerufen haben, Madame.

EIN PRÄSIDENT Die Alte ist taub. Du mußt schreien.

PRÄSIDENT *(schreit)* Vorhin im Café sagte mir ein unbestimmtes Gefühl, daß wir uns wiedersähen.

DIE IRRE Mir auch.

PRÄSIDENT *(schreit)* Wollen Sie, bitte, das Papier unterzeichnen?

DIE IRRE Was ist das? Ich habe meine Brille nicht zur Hand.

PRÄSIDENT *(schreit)* Das ist der Kontrakt, demzufolge Sie entsprechend unseren Usancen am Gesamtgewinn beteiligt sind.

DIE IRRE Ausgezeichnet. *(Sie unterschreibt.)*

EIN PRÄSIDENT Was ist das?

PRÄSIDENT Das Papier, durch das sie auf alles zu unseren Gunsten verzichtet. *(Schreit)* Und hier ist Ihre Provision, Madame. Wenn Sie die Güte haben, uns zu sagen, wo sich die Quelle befindet, gehört dieses Paket Ihnen.

DIE IRRE Was ist das?

DER PRÄSIDENT *(schreit)* Ein Kilo Gold.

DIE IRRE Ausgezeichnet.

EIN PRÄSIDENT Was ist das?

PRÄSIDENT Ein Kilo vergoldetes Blei. Wir nehmen es beim Fortgehen wieder mit.

DIE IRRE Dort! Ganz unten. Steigen Sie hinunter.
(Einer der Präsidenten drängt sich vor, um der erste zu sein.)

PRÄSIDENT Heh, Sie, Präsident! Keiner der Herren allein! Mir nach, und einer hinter dem andern . . . Die Zigarren, meine Herren Präsidenten! *(Sie löschen ihre Zigarren aus und nähern sich dem Abgrund.)*

DIE IRRE Einen Augenblick. Hat einer von Ihnen ein Nähzeug bei sich?

PRÄSIDENT Ich nicht . . . *(Er ertappt einen Präsidenten dabei, wie er sich die Gelegenheit zunutze machen will, um als erster hinunterzusteigen.)* Immer hübsch der Reihe nach, Herr Präsident.

DIE PRÄSIDENTEN Wir auch nicht!

DIE IRRE Vielleicht einen vergoldeten Fingerhut?

DIE PRÄSIDENTEN Nicht den geringsten.

DIE IRRE Die Würfel sind gefallen! Bitte schön!
(Sie steigen in die Erde hinunter.)

IRMA Die Herren Prospektoren der Gesellschaften zur Erschließung von Bodenschätzen! Meine Herren, die Frau Gräfin ist sehr schwerhörig.
(Sie geht ab. Die Herren treten ein. Sie sind buntscheckig gekleidet. Zigarren. Im Verlauf der Szene kostet der Präsident vom Wasser, das sich in der Karaffe befindet. fährt vor Freude zusammen und gibt seinen Begleitern ein Zeichen, ebenfalls zu trinken. Sie müssen aufstoßen. jauchzen aber.)

PROSPEKTOR *(schreit)* Erdöl?

DIE IRRE Erdöl.

PROSPEKTOR Spuren? Absickerungen?

DIE IRRE Güsse, Wasserfälle, Überschwemmung. *(Hochstimmung bei den Herren.)*

PROSPEKTOR Typischer Geruch?

DIE IRRE Parfüm.

PROSPEKTOR Nasser Hund, nasses Leder?

DIE IRRE Nein. Weihrauch.

PROSPEKTOR Das ist Kirkik, meine Herren! Die kostbarste Substanz. Wie entdeckt? Auspumpen? Bohrung?

DIE IRRE Mit dem Finger.

PROSPEKTOR Wollen Sie dieses Papier unterzeichnen?

DIE IRRE Was ist das?

PROSPEKTOR Ein Vertrag, nach dem die Obligationen unter uns aufgeteilt werden.

DIE IRRE Bitte!

EIN PROSPEKTOR Was ist das?

PROSPEKTOR *(mit natürlicher Stimme)* Etwas, womit man sie als verrückt einsperren lassen kann. Die Irrenanstalt ist bereits verständigt. Sobald wir wieder draußen sind, telefoniere ich nach dem Wagen ... Diesen Weg?

DIE IRRE Diesen Weg.
(Sie steigen hinunter.)

IRMA *(meldet)* Die Herren Volksvertreter, die sich für die nationalen Interessen an den Erdölvorkommen einsetzen. *(Irma geht ab. Sie treten ein. Behaart. Schmerbäuchig. Schnauzbärtig. Auffallend jovial. Zigarren.)*

DER ERSTE Oh! Hier riecht es nach Erdöl.

DER ZWEITE Ein bißchen zu stark. Ich esse heute mit Rolande. Sie mag diesen Geruch nicht. Sehen wir zu, daß wir weiterkommen.

DER DRITTE Bist du dessen sicher? Lucienne hat zu Mimi gesagt, sie esse mit Rolande.

DER ZWEITE Ich esse mit Mimi und Rolande. Wenn du mit Lucienne kommen willst, sag Loulou Bescheid.

DER VIERTE Du hättest es uns früher sagen können. Ich esse mit Jeannine, die Mado mitbringt. Sie ist frei, Minouche ißt bei Paula.

DER FÜNFTE Jeannine ist zum Apéritif mit Yvette verabredet. Du brauchst nur Raymonde anzurufen und ihr zu sagen, sie solle von Régina anrufen lassen.
(Sie werden immer behaarter, schnauzbärtiger, jovialer und schmerbäuchiger.)

DER ERSTE Wann kann die Besichtigung des Erdölvorkommens stattfinden?

DIE IRRE Sofort. Über diese Treppe.

DER FÜNFTE Ist es wirklich so dringend, meine Herren? Es ist schon nach drei. Wenn wir uns verspäten, treffen wir Olga nicht mehr, die mit Georgette im Moulin de Garches zum Tee ist. Du kennst sie. Sie würde es mir nie verzeihen.

DIE IRRE Georgette! Armer Adolphe!

DER ERSTE Um sechs Uhr hat der Naphtaausschuß eine Sitzung. Unsere Anteile für die erste Gewinnausschüttung müssen festgesetzt werden. Erst kommt unser Volk! Ich habe bereits einen begeisterten Bericht abgefaßt, doch der erstbeste Idiot könnte fragen, ob wir das Vorkommen auch wirklich gesehen haben. Um so mehr als ich diesen Bericht heute nachmittag Alberte diktieren kann. Das ist sehr bequem: Sie wohnt bei Dolores, die Untermieterin von Esther ist.

DER ZWEITE Könnten wir die Unterschrift nicht bekommen, ohne hinunterzusteigen?

DIE IRRE Unmöglich.

DER DRITTE Schön, dann steigen wir hinunter. Ein Augenblick wird genügen, wie Mémène sagt... *(Zur Irren)* Ein Augenblick wird doch genügen?

DIE IRRE Völlig. *(Sie sind im Begriff hinunterzusteigen, als das Blumenmädchen mit seinem Korb auftritt.)*

DER ERSTE Seht den Schatz, den ich da auf der Treppe finde.

BLUMENMÄDCHEN Blumen gefällig, meine Herren?

DER ZWEITE Alle Blumen! Wie heißt du, schönes Kind?

BLUMENMÄDCHEN Ich heiße Sibylle.

DER ZWEITE Welch hübscher Name! Meine Herren, die Kleine bietet uns Blumen an.
(Sie schmücken sich mit Blumen und steigen in den Abgrund hinunter.)

IRMA *(meldet)* Die leitenden Herren von der Presse. *(Sie treten ein: Große, Kleine, Magere, Dicke.)* Die Frau Gräfin ist sehr schwerhörig.

DER SYNDIKUS Da hat sie Glück. Sie würde sonst alle Abarten des Wortes Dromedar kennen lernen... *(Schreit)* Ich lege Ihnen meine höchste und vorzüglichste Verehrung zu Füßen, Gnädigste.

DER DIREKTOR Das ist wirklich Dante im Inferno... *(Schreit)* Den Ausdruck meiner tiefsten und höchst männlichen Bewunderung, Gräfin.

GENERALSEKRETÄR Sie hat den Prix Goncourt für alte Hexen gewonnen... *(Schreit)* Ich küsse voll Ehrfurcht Ihre göttlichen Hände, anbetungswürdige Frau!

DER SYNDIKUS Wir sind wohl einer Meinung? Wir werden der alten Ziege doch nicht die üblichen dreißig Prozent verrechnen?

DER DIREKTOR Selbstverständlich, Herr Syndikus. Sie versteht nichts davon. Natürlich verdoppeln wir den Tarif.

DER SYNDIKUS *(schreit)* Wir schlagen Ihnen diesen Vertrag

für die Presserechte vor, gnädige Frau. Es sind die günstigsten Bedingungen, die wir je gewährt haben.

Die Irre Ausgezeichnet. Hier hinein geht es zur Besichtigung.

Der Syndikus *(schreit)* Oh, wir besichtigen prinzipiell nicht. Die Presse braucht sich nicht mit Tatsachen abzugeben. Es spielt keine Rolle, ob es das Vorkommen tatsächlich oder nur in Ihrer Phantasie gibt, unsere Presse wird mit dem gleichen Eifer darüber berichten. Sie sieht darin eine ehrenvolle Sendung, der sie immer treu bleiben wird.

Die Irre Dann unterzeichne ich nicht.

Der Syndikus *(schreit)* Wie Sie wünschen! Gut, sehen wir uns die Sache an. Es wird natürlich nicht ausbleiben, daß wir unserer Unparteilichkeit zwischen Schein und Sein verlustig gehen, wenn Sie uns zwingen, den wahren Sachverhalt in Augenschein zu nehmen. Wir müssen unsere Ansprüche um 35 % erhöhen.

Die Irre Ich unterzeichne . . .

Generalsekretär *(schreit)* Ich sehe mit Freuden, Madame, daß die Erdölquellen endlich ihre Najade gefunden haben!

(Sie verschwinden im Abgrund. Irma erscheint und versucht drei Damen zurückzuhalten. Sie sind tadellos gekleidet. Zigaretten.)

Irma Aber meine Damen, meine Damen, nur die Herren sind eingeladen!

Die Irre Laß sie eintreten, Irma. Und sage nicht mehr, ich sei taub.

Die Erste Da siehst du's. Felix hat uns alles verheimlicht. Aber ich habe von dem Erdöl durch Raymond Wind bekommen. Er hat nicht gemerkt, daß ich im Ministerium an Jimmys Telefon mitgehört habe. Jimmy! Da fällt mir ein, die Geschichte mit den sechstausend Konserven von Hubert ist in Ordnung. Kikis Kabinett ist einverstanden.

Die Zweite Wenn wir Bob verständigen wollen, gehen wir nach dem Besuch bei Iwan rasch auf einen Sprung zu ihm. Raoul steht nicht sehr gut mit Iwan. Und Iwan ist großzügig. Großzügiger sogar als Jacquot. Da fällt mir ein, er überläßt uns die Option auf das Getreide von Totor.

DIE DRITTE Auf alle Fälle darf François nichts davon erfahren, sonst weiß Philippe alles. Und du kennst Gustave! Ist das der Schacht, Madame?

DIE IRRE *(die sie voll Abscheu betrachtet hat)* Das ist der Schacht.

DIE ERSTE Kinder, die Zigaretten! Vorsicht, Erdöl! Sonst verbrennen wir uns noch die Wimpern! *(Sie steigen hinunter.)*

DIE IRRE So. Die Welt ist gerettet. Das wäre erledigt.
(Sie schließt die Mauer. Irma erscheint ganz aufgeregt und hält die Tür zu, die jemand aufzudrücken sucht.)

IRMA Es ist der kleine Alte, Gräfin, der Madame Constance die Irre von Passy nennt. Er kneift mich. Er läuft mir nach!

DIE IRRE Laß ihn eintreten! Er kommt gerade recht.
(Der kleine Alte tritt ein. Er ist schrecklich unsympathisch. Irma geht ab.)

DER ALTE Ah, da sind Sie ja! Das trifft sich gut! Ich habe Ihnen in aller Form mitzuteilen, daß Ihre Katzen vom Quai Debilly heute abend das Leben lassen werden.

DIE IRRE Wieso?

DER ALTE Sehen Sie meine vollen Taschen? Das sind Giftkugeln, die ich ihnen sogleich hinwerfen werde. *(Während er das sagt, steckt er den Barren ein.)*

DIE IRRE Wetten wir, daß es Ihnen nicht gelingen wird? Sie sind nämlich hier, in meinem Keller.

DER ALTE Öffnen Sie den Keller!

DIE IRRE Niemals!

DER ALTE Ich befehle Ihnen, mir die Kellertür zu öffnen!

DIE IRRE Es ist stockdunkel darin.

DER ALTE Ich sehe im Dunkel besser als bei Licht.

DIE IRRE Die Treppe führt senkrecht nach unten.

DER ALTE Ich bin Mitglied des Alpenvereins. *(Er geht auf die Mauer zu.)*

DIE IRRE Haben Sie vielleicht Interesse an Kindernähzeug? In einer grünen Schachtel mit Goldrand!

DER ALTE Wo ich dergleichen finde, zerreiße ich es. Ich bin Briefmarkensammler.

DIE IRRE *(öffnet die Falle)* Sehr gut! Bitte!

DER ALTE Diese elenden Bestien. Sie miauen. Das sind wirklich die vom Quai Debilly! So aus der Entfernung möchte man einen Eid schwören, auch Menschenstimmen zu hören. Selbst Kätzinnen sind dabei, soweit sich das sagen läßt!

(Voll Freude verschwindet er. Die Irre schließt die Mauer.)

DIE IRRE Er hat den Barren mitgenommen, dieser Räuber: Er muß ihn mir zurückgeben! *(Sie will öffnen, bleibt dann unbeweglich stehen.)* Natürlich, bei meiner Zerstreutheit mußte das so kommen. Ich weiß noch das Geheimnis, wie man schließt. Wie man öffnet, habe ich vergessen. Aber nach alldem wird sich ein Goldbarren unter diesen Narren gar nicht so schlecht machen.

(Sie klingelt. Irma erscheint.)

IRMA Sie sind allein, Gräfin? Und all die Menschen?

DIE IRRE Fort, Irma, aufgelöst. Sie waren schlecht. Die Schlechten verschwinden. Sie sagen, sie seien ewig; man glaubt ihnen, und sie tun alles, es zu sein. Niemand hütet sich mehr vor Erkältungen und Unfällen. Aber umsonst! Der Hochmut, die Besitzgier und die Selbstsucht treiben sie bis zur Weißglut. Und wenn sie an eine Stelle kommen, an der die Erde Güte und Erbarmen in sich birgt, dann lösen sie sich auf. Da erzählt man, Finanzleute seien aus einem Flugzeug ins Meer gestürzt. Lüge! Die Maschine flog einfach über einen Zug harmloser Sardinen. Alle diese Banditen, die einen im Vorübergehen streiften, wirst du nie wieder zu Gesicht bekommen.

(Irma geht ab. Die Irre hat sich wieder in ihren Fauteuil gesetzt. Irma und Pierre treten strahlend ein. Hinter ihnen kommen alle übrigen.)

PIERRE Oh, wie sollen wir Ihnen danken!

BLUMENMÄDCHEN Kommen Sie mit uns hinauf, Madame! Es ist alles so schön da oben! Als hätte man einen Waffenstillstand unterzeichnet. Unbekannte umarmen einander.

JONGLEUR Die Tauben fliegen, und jede, wohin es ihr beliebt, wie einst nach der Sintflut.

SCHUHBANDVERKÄUFER Das Gras im Cours la Reine hat unversehens neu zu sprießen begonnen: Attila ist tot!

LUMPENSAMMLER Es gibt keinen einzigen Makker mehr. Der Fischhändler hat mir guten Tag gesagt!

(Von diesem Moment an ist alles, was die Freunde der Irren sagen, nicht mehr vernehmbar. Sie sprechen miteinander frohgemut, ihre Lippen bewegen sich, aber nur der Taubstumme ist zu hören. Die Mauer gegenüber dem Verlies hat sich geöffnet, und Menschen, die nur die Irre sieht, treten in feierlichem Zuge daraus hervor ... Der erste Zug besteht aus liebenswürdigen, lächelnden Männern.)

IHR ANFÜHRER Danke, Gräfin. Als Gegenleistung für alle. die Sie in die Erde hinunterschickten, gibt man uns endlich die Freiheit wieder. Wir sind die, die eine Tierrasse gerettet haben. Das ist Jean Cornell, der den Biber rettete. Das ist der Baron von Blérancourt, der den Saint Germain-Hühnerhund rettete. Das ist Bernardin Cevenot. der den Versuch unternahm, die Dronte, die Gans der Insel Réunion, zu retten. Sie war der dümmste Vogel der Welt, aber sie war ein Vogel. Nichts ist von ihr geblieben als dieses Ei, das wir dort in einem Naphtasumpf gefunden haben. Wir werden es heute abend ausbrüten lassen. Haben Sie Dank! Und nun kommt alle. Wir wollen dem Windhund der Herzogin seinen wahren Namen sagen.

(Sie verschwinden. Die anderen gestikulieren, ohne etwas zu bemerken. Sie sprechen lautlos mit Ausnahme des Taubstummen.)

TAUBSTUMMER Genau wie Irma es sagte: Die Liebe ist der Wunsch, geliebt zu werden ...

(Eine zweite Gruppe steigt aus der Erde herauf, ebenso höflich, ebenso lächelnd.)

IHR ANFÜHRER Danke, Gräfin, für die Ablösung, auf die wir ein Recht hatten. Wir sind die, die eine Pflanze gerettet oder gezüchtet haben. Es war verkehrt, uns unter der Erde zu halten. Um so mehr als die kleinsten Gewächse die zähesten Wurzeln haben und wir dort in der größten Verwirrung lebten. Das ist Herr Pasteur, der vom Hopfen. Das ist Herr von Jussieu, der von der Zeder. Er führt uns jetzt zu der Zeder auf dem Quai de Tokio.

um die Lauchzehe herauszuziehen, die ein Verbrecher dort hineingesteckt hat.
(Sie verflüchtigen sich.)

TAUBSTUMMER Auch das sind Irmas Worte: Auf den Flügeln der Zeit entfliegt die Traurigkeit ...
(Die letzte Gruppe steigt aus der Erde herauf. Es sind Männer, die einander auffallend ähnlich sehen. Sie machen einen unglücklichen Eindruck, haben kleine Glatzen und lange ausgefranste Manschetten.)

IHR ANFÜHRER Danke, Gräfin. Ihretwillen, allein Ihretwillen kehren wir zurück. Wir sind die Adolphe Bertauts der ganzen Welt. Wir haben uns entschlossen, die Schüchternheit zu überwinden, die unser und Ihr Leben verpfuscht hat. Wir werden nicht mehr fliehen, was wir lieben. Wir werden nicht mehr erstreben, was wir hassen. Wir wollen schön sein und gestärkte Manschetten tragen. Wir bringen Ihnen diese Melone zurück, Gräfin, und möchten Sie um Ihre Hand bitten!

DIE IRRE *(ruft)* Zu spät! Zu spät!
(Die Bertauts verschwinden. Die Stimmen sind wieder zu vernehmen, mit Ausnahme der des Taubstummen.)

PIERRE Warum zu spät, Madame?

IRMA Was sagen Sie, Gräfin?

DIE IRRE Ich sage, sie hätten Gelegenheit gehabt, mir am 24. Mai 1880, dem schönsten Pfingstmontag, den es jemals in den Wäldern von Verrières gegeben hat, ihre Liebe zu erklären, oder am 5. September 1887, als sie in Villeneuve-Saint-Georges einen Hecht fingen und an Ort und Stelle brieten; notfalls auch noch am 21. August 1897, dem Tag, da der Zar in Paris einzog. Sie haben alle diese Gelegenheiten vorübergehen lassen, ohne ein Wort zu sagen. Jetzt ist es zu spät! Umarmt euch, und zwar rasch!

IRMA und PIERRE Wir sollen uns umarmen?

DIE IRRE Drei Stunden kennt ihr euch jetzt, ihr gefallt euch. ihr liebt euch. Umarmt euch, rasch, sonst ist es zu spät!

PIERRE Aber ...

DIE IRRE Da seht ihr es. Schon zaudert er, schon zaudert er vor dem Glück wie alle seines Geschlechts. Umarme ihn.

Irma! Wenn zwei Wesen, die einander lieben, auch nur einem einzigen Augenblick gestatten, sich zwischen sie zu stellen, dann wird er zu Monaten, zu Jahren, zu Jahrhunderten. *(Zu den übrigen)*: Zwingt sie, einander zu umarmen, sonst wird sie einmal die »Irre vom Alma« sein, und ihm wird ein weißer Bart wachsen . . . Bravo! Warum seid ihr nicht dreißig Jahre früher gekommen, ich wäre heute nicht hier. Mein lieber Taubstummer, seien Sie endlich still. Sie ruinieren uns die Augen. Irma hat keine Zeit mehr, die Übersetzung zu machen.

IRMA *(in den Armen Pierres)* Er sagt, daß wir uns umarmen.

DIE IRRE Nichts entgeht ihm. Danke, Taubstummer. Damit ist die Geschichte zu Ende. Ihr seht, wie einfach es war. Eine vernünftige Frau genügt, damit die Verrücktheit der ganzen Welt sich an ihr die Zähne ausbeißt. Das nächste Mal aber warten Sie nicht wieder so lange, Lumpensammler. Alarmieren Sie mich sofort, wenn eine zweite Invasion dieser Ungeheuer droht.

LUMPENSAMMLER Abgemacht, Gräfin, bei der ersten Visage.

DIE IRRE Wir haben genug Zeit verloren . . . *(Sie erhebt sich.)* . . . Hast du meine Knochen und meinen Magen, Irma?

IRMA Sie liegen bereit, Gräfin.

DIE IRRE Gut, dann gehen wir nach oben. Wir wollen uns ernsteren Dingen zuwenden, meine Kinder! Es gibt nicht nur Menschen auf dieser Welt. Kümmern wir uns jetzt ein wenig um die Wesen, die es wert sind.

Vorhang

NACHWORT

»Nur dann ist die Zeit mit sich selbst im Einklang, wenn die Menge den Mut hat zu großen Bekenntnissen und in die Theater strömt, um sich zu Feigheit und Opfer, zu Haß und Leidenschaft zu bekennen.

Und dann ruft sie nach den Propheten. Denn das Theater ist Weissagung. Nicht eine handgreifliche Weissagung, die Namen und Daten nennt, sondern die wahrere, die dem Menschen die überraschenden Wahrheiten enthüllt: daß die Liebenden leben, daß die Liebenden sterben müssen, daß der Herbst auf den Sommer, der Frühling auf den Winter folgt, daß es die vier Elemente, das Glück und die Milliarden von Katastrophen gibt, daß das Leben Wirklichkeit ist, daß es ein Traum ist, daß der Mensch vom Frieden lebt, daß der Mensch vom Blute lebt, – kurz das, was sie nie wissen werden.«

Als Jean Giraudoux 1935 sein Stück *Kein Krieg in Troja* schrieb, wollte er warnen. Wir wissen, daß seine Warnung zur Prophezeiung wurde. Schon ein Jahr später besetzten die deutschen Truppen das Rheinland: die Pforten des Krieges waren spaltbreit geöffnet. Was ist Friede, wenn der Mensch immerfort von Krieg bedroht ist? »Friede«, heißt es in *Amphitryon,* »nennt man die Zeit zwischen zwei Kriegen«. Als sich am 21. November 1935 nach der Uraufführung der Vorhang schloß, bestürmten Freunde und Kritiker den Dichter mit der Frage nach der Patenschaft Aristide Briands und Gustav Stresemanns, deren Schatten man hinter Hektor und Ulysses zu sehen vermeinte . . .

Der Krieg in Troja findet statt, obwohl alle Beteiligten zusammenwirken, ihn zu verhindern. Der Gedanke liegt nahe, daß er gerade deswegen stattfindet. Was vermag der Mensch gegen ein Schicksal, das stärker ist als seine Pläne und Beteuerungen? Der Krieg wohnt der Welt inne. Er kann nicht beseitigt, höchstens überspielt werden . . . Wer dächte nicht an die romantische Schicksalstragödie, in der es keinen Zufall gibt, nur Determination? Die Erde ist ein »hoffnungslos verdammter Planet«, dessen Bewohner die Opfer geheimnisvoller Gesetzmäßigkeit sind. Der Glaube an das Glück, an die Verwirklichung des irdischen Paradieses weicht dem Glauben »an die Macht eines schrecklichen Bandes zwischen der Menschheit und einem größeren Schicksal, als es das menschliche ist.« »Was ist die Tragödie?« fragt Giraudoux. »Sie ist der Mensch, der durch ein Lasso, das ihn aufrecht hält, aus seiner horizontalen Lage des Vierfüßlers herausgerissen wird.«

Schrieb Giraudoux mit *Kein Krieg in Troja* eine Satire auf das moderne Völkerrecht – sehen wir von dem metaphysischen Hintergrund ab –, so ist die *Irre von Chaillot* eine Satire auf die moderne Gesellschaft. Sie ist zugleich eine bezaubernde Feerie. Schon in *Pleins Pouvoirs* hatte sich Jean Giraudoux über den beklagenswerten Zustand seines Vaterlandes ereifert. Es habe sich, so schreibt er, eine Art »Mafia« gebildet, eine Verschwörung von Zwischenhändlern – das französische *Mec* wurde im Deutschen durch *Makker* wiedergegeben –, die in den Bereichen von Politik und Wirtschaft alle Schlüsselstellungen besetzt halten. Sie kennen nur eines: Profit. Eine der schönsten Vokabeln der menschlichen Sprache, das Wort Mittler, sei ihretwegen zur schändlichsten Vokabel der französischen Sprache geworden.

So stehen einander zwei Welten gegenüber: Das Böse, symbolisiert durch die Makker auf der einen Seite, und das Gute, symbolisiert durch die Irre und ihre Verehrer auf der anderen. Dergleichen, sei angemerkt, entspricht dem manichäischen Weltbild, denn beide sind bar jeder Legierung. Es genügt, die Bösen zu beseitigen, um das Glück der Guten sicherzustellen. Dabei versteht sich, daß solche Vereinfachung das Satirische des Stückes zugunsten des reinen Märchens mindern muß. Die *Irre von Chaillot* ist eines der symbolreichsten Stücke des Magiers aus Bellac. Die Welt der mittelalterlichen Allegorien, zu der direkte Bezüge sich nachweisen lassen, war Giraudoux wohlvertraut. Aurélie, die Irre von Chaillot – es hat sie übrigens wirklich gegeben –, dieses erhabene und zugleich lächerliche Wesen, symbolisiert Weisheit und gesunden Menschenverstand. Mit ihr hat Giraudoux eine Gestalt geschaffen, die zur Schar der reinen Toren gezählt und Parzival oder Don Quichote an die Seite gestellt werden darf.

In seinem berühmten *Gebet auf dem Eiffelturm,* das zu einer Zeit entstand, als der Glaube an die Verwirklichung des irdischen Paradieses noch nicht erschüttert war, hatte sich Jean Giraudoux den »Redakteur der ersten wirklichen Zeitung dieses unsterblichen Geschlechts« genannt ... »Es wird seine Zeit währen«, fügte er einschränkend hinzu, »es ist sehr gut möglich, daß auch ich eines Tages aus dem Paradies vertrieben werde.« *Kein Krieg in Troja,* elf Jahre später entstanden, zeugt bereits von der Vertreibung. Die Entzweiung des Menschen mit der Schöpfung ist Wirklichkeit geworden. Es geht in diesem Stück, das wegen seines Themas und der klassischen Form seiner Architektur den Höhepunkt in Giraudoux' dramatischem Werk bildet, nicht nur um Krieg und Frieden, sondern um die Situation des Menschen schlechthin, um die zwischenmenschlichen Beziehungen wie um die Auseinandersetzung mit einem unerbittlichen Schicksal. In dem Märchen von der Irren, das wiederum zehn Jahre später entstand – es wurde fünf Jahre nach Giraudoux' Tod, am 17. Oktober 1949, uraufgeführt – sind alle Gegensätze aufgehoben. Die Verwirklichung des Paradieses ist wieder möglich, freilich nur in jener höheren Welt magischer Realität, in der die Kategorien von Raum und Zeit, Ursache und Wirkung aufgehoben sind und deren Schlüssel die Phantasie bietet. Auch der Forderung des Engels aus *Sodom und Gomorrha,* jenem Spiel vom »Untergang der Erde am Geist«, nach einem glücklichen Menschenpaar, die, da sie unerfüllbar gewesen war, zum Weltuntergang führte, kann jetzt Genüge getan werden! Der Glaube an Liebe und Glück wurde dem Menschen wiedergeschenkt. Der trojanische Krieg mußte stattfinden, damit die Welt untergehen und durch die Mächte der Phantasie erlöst und wiedergeboren werden konnte.

O. F. B.

REGIE IM THEATER

Uwe B. Carstensen
Klaus Michael Grüber
Herausgegeben von Claudia Balk
Fischer Taschenbuch Band 7121

Klaus Michael Grübers hochartifiziellen Inszenierungen wird mythische Kraft zugeschrieben. Sein Name ist eng mit der Berliner Schaubühne verbunden.
In diesem Band hat Uwe B. Carstensen, der Klaus Michael Grübers Inszenierung von »Bantam« in München 1986 betreut hat, Interviews mit dem Regisseur und einigen seiner Mitarbeiter sowie zwei sich ergänzenden Essays zu einem Porträt zusammengefaßt.

fi 756/3

REGIE IM THEATER

Gundula Ohngemach
George Tabori
Herausgegeben von Claudia Balk
Fischer Taschenbuch Band 7128

George Tabori, der im Mai 1989 fünfundsiebzig Jahre alt wird, steht seit zwanzig Jahren als Garant für überraschende und unkonventionelle Theaterarbeit. Gundula Ohngemach hat versucht, sich durch Gespräche mit George Tabori selbst und einigen seiner Mitarbeiter der Persönlichkeit und der Arbeit des Regisseurs zu nähern. Ein Essay, ein ausführliches Inszenierungsverzeichnis und Fotos komplettieren diesen Band.

fi 1116/1

Theater Funk Fernsehen

Eugene O'Neill

Alle Kinder Gottes haben Flügel
Deutsch von Leopardi & Eckstein
Band 10641

Der Eismann kommt
Deutsch von Leopardi & Eckstein
Band 7155

Fast ein Poet
Deutsch von Michael Walter
Band 7151

Gier unter Ulmen
Deutsch von A. F. Hoffmann und Hannelene Limpach
Band 10184

Hughie
Deutsch von Leopardi & Eckstein
Band 10639

Der Große Gott Brown
Deutsch von Michael Walter
Band 10640

Der haarige Affe
Deutsch von Peter Stein
Band 10629

Jenseits vom Horizont
Deutsch von Leopardi & Eckstein
Band 10642

Kaiser Jones
Deutsch von Michael Walter
Band 10278

Eines langen Tages Reise in die Nacht
Deutsch von Christian Enzensberger

Ein Mond für die Beladenen
Deutsch von Leopardi & Eckstein
Band 10182

O Wildnis!
Deutsch von Inge Greiffenhagen und Bettina von Leoprechting
Band 10471

Seltsames Zwischenspiel
Deutsch von Michael Walter
Band 10638

Trauer muß Elektra tragen
Deutsch von Michael Walter
Band 7154

Fischer Taschenbuch Verlag

fi 751 / 7